Pablo recibo
que disfruti
mi libro y
de aporte positivo
en común de tu misión

Con cariño:

Lily Pais

Con la mente en el cielo y los pies en la tierra

Lily Pais

Con la mente en el cielo y los pies en la tierra

Cómo afrontar un divorcio

ALEXANDRIA LIBRARY

PUBLISHING HOUSE

MIAMI

ISBN: 978-1502433848

lilypaisoficial@gmail.com

www.lilypaisoficial.com

Alexandria Library Publishing House

www.alexlib.com

Dedicatoria y agradecimiento

Gracias madrina, gracias por compartir siempre conmigo tu sabiduría y tus experiencias. Gracias por tu confianza, por tu paciencia infinita y por estar siempre presente en mi vida para apoyarme y motivarme. Gracias por haberme dado las herramientas necesarias en mi proceso de crecimiento emocional y espiritual. Gracias a tus sabios conocimientos tengo la oportunidad de compartir a través de mi libro con todas las personas, madres y mujeres con el propósito de que encuentren motivación para lograr una vida saludable tanto emocional como espiritual. Gracias por haberme ayudado a descubrir y reconocer en mí el don de escribir, por creer en mí, en mi potencial. Gracias por ofrecerme tus ánimos en el día a día, enfocados en apoyarme para lograr y terminar de escribir este libro. Meta tan importante para mí, que sin tu apoyo y motivación no la habría alcanzado.

Gracias a ti hijo, tú has sido mi inspiración para este libro, eres el ángel de mi vida, me has dado valor y fortaleza para no sucumbir en los momentos más tristes y frustrantes de mi vida. Eres para mí lo más grande que Dios me ha dado, te admiro, te respeto y te amo con todo mi corazón.

Gracias a ti mi Dios, por haberme dado esa inspiración que proviene de mi espíritu conectado con el tuyo, gracias por este don tan preciado de poder expresar a través de mis escritos todos mis conocimientos con el fin de aportar algo valioso a la sociedad.

Gracias a ti Raquel, redactora profesional, gracias por tus intervenciones, sugerencias, dedicación y enfoque para lograr la perfección de este libro.

Lily

Índice

Segunda Parte

Epílogo

Apéndice

Prólogo

Si yo pude ver luz con estas páginas, tú también

Este libro sabe a chocolate y produce los mismos efectos a la hora de levantar el ánimo. Lo bueno es que no engorda. Más bien ayuda a quitarnos un peso de encima. Así me pasó a mí.

Mientras Lily le pedía al Universo que le enviara una redactora que trabajara en la corrección de su libro, yo le pedía que me enviara una luz para poder iluminar las partes oscuras que ocasionaron la depresión que estaba viviendo después de perder mi relación. Para cuando Lily aparece en mi vida, confieso que yo estaba devastada por la frustración y el dolor, a raíz de que el hombre que amaba me abandona justo cuando ya estaba todo listo para establecernos juntos. Comenzar a trabajar en la corrección de este libro, leer página por página, escudriñar palabra por palabra, me ayudó a mirar dentro de mí para comenzar a corregirme a mí misma.

Esto fue algo así como un milagro.

Lo cierto es que este libro tan sencillo pero profundo y real nos cae de perla cuando más necesitamos reforzar nuestra autoestima, y manejar adecuadamente el proceso de una separación o el rompimiento de una relación.

Lily, en su testimonio, y con una rica simplicidad, nos sirve de espejo mientras nos lleva de la mano a través del relato de todo su proceso. Desde mi humilde y sincero testimonio, puedo decir que amé trabajar en este proyecto. La depresión se fue evaporando gracias a la motivación que sentía a medida que iba leyendo. Todos los capítulos me han servido para mirar dentro de mí, despertar y comenzar a actuar en consecuencia. La inspiración y la conexión que sentí con la Lily mujer, madre y Life Coach que he ido encontrando a través de sus páginas, me ha servido para reconocer la inmensa importancia de la información psicológica básica para identificar síntomas emocionales y reconocer lo necesario que es buscar orientación profesional siempre, así sea para reciclarnos. También me ha ayudado a renovar mi percepción sobre las relaciones, enfocarme en mis valores personales y en mi propósito de vida, y me ha servido para comprender cómo la dificultad de una separación, un duelo, un fracaso, sí se puede convertir en una gran oportunidad para transformarnos, crecer y reinventarnos. Lily, con su sencillo modo de expresarse, ayuda a activar esa voz interior que nos da una Luz para seguir adelante cuando creemos que todo está perdido, tanto como nos ayuda a recoger lo mejor del aprendizaje para concebir nuevas relaciones más sanas con nosotros mismos y con los demás.

También puedo decir con certeza que uno recibe el amor y la entrega que Lily le ha puesto a este proyecto con la intención de ayudar a mujeres, hombres, hijos, familias, educadores, e instituciones. Esa es su energía, esa es la inspiración de su noble propósito plasmada en todo su escrito. Lo mágico de todo esto es que, aun trabajando en el proyecto de Lily, nunca nos hemos visto personalmente. Pero, a pesar de la distancia física por encontrarnos en países diferentes, siempre sentí su esencia presente, pues es notable su voluntad de ayudar a través de su libro. Por eso, en mi caso personal, ha sido una bendición leer y releer cada palabra que transmite el significado de su mensaje, y deseo de todo corazón que cada lector pueda sentir esa misma conexión e inspirarse a tocar su propio cielo, con los pies en la tierra.

Finalmente, trabajando con este libro, me libré en tiempo récord de la depresión por la ruptura de mi relación y ahora me siento más feliz, más centrada y más bella. ¡Y es que gracias a todo lo que aprendí con esto, terminé casándome conmigo misma!

Mil gracias Lily.

Tus palabras me han ayudado a ver luz y me siento renacer.

Raquel

Lily Pais

Lily Pais fue fue modelo profesional durante muchos años en Venezuela y para Latinoamérica. Desde hace algunos años reside en Miami, Florida.

Trabajó como voluntaria para el South Miami Hospital, colaborando en el departamento de tratamiento de adicciones, en el área de Codependencia familiar, así como en muchas otras diferentes asociaciones y fundaciones.

Actualmente está dedicada a realizar seminarios y trabaja como consejera en dependencias emocionales con mujeres y madres en proceso de separación o de divorcio.

Posee certificación en Reconnective Healing, Master en Programación Neurolingüística, Master en Hipnosis Clínica y es Counselor en codependencia y adicciones a alcohol y drogas.

Sinopsis

Hombres y mujeres durante el proceso de un divorcio lidiamos con sentimientos de frustración, rabia, tristeza sueños destruidos. Esto en muchos casos hace que el final del matrimonio sea un alivio, aunque son nuestros hijos los que pasan la parte más dura y pagan un alto precio, sobre todo con las consecuencias de un divorcio mal llevado.

Es de vital importancia para nuestros hijos el papel que desempeñemos como padres durante este proceso, en especial el de nosotras las madres, que dependiendo de cómo se maneje la separación, seremos responsables del impacto positivo o negativo que tendrá éste en sus vidas, influenciando su salud mental y emocional.

A raíz de mi experiencia, se desencadenó todo un proceso de desintegración, aprendizaje y autoconciencia, que dio, entre muchos de los resultados, la motivación de compartir mi historia para inspirar a otras mujeres y hombres a convertir la "dificultad" del divorcio en una verdadera "oportunidad" de crecimiento integral. El propósito de este libro es plasmar desde mi testimonio, soluciones que permitan liberar los miedos y frustraciones que las mujeres experimentamos durante el desarrollo de esta triste y dolorosa experiencia. Informar para concientizar, ofrecer las herramientas que existen, así como mostrar las soluciones eficientes que ayuden a nuestros hijos y a nosotras mismas a superar este trance de la manera menos traumática posible.

La verdadera inspiración son nuestros hijos: por ellos tiene valor nuestra lucha, nuestros esfuerzos y todas las formas posibles que usemos para alcanzar la superación de los conflictos que surjan y que se originen a raíz de una separación. En la medida en que nos ocupemos y asumamos con conciencia y responsabilidad la dinámica natural de esta experiencia, nuestros hijos serán más productivos: hombres y mujeres de bien. Ellos son el futuro del mundo y es a ellos a quienes debemos orientar por encima de todas las cosas con responsabilidad, haciendo que sean emocionalmente sanos. Las soluciones saludables son posibles, ese debe ser nuestro enfoque. Superar la situación, jamás verla como un "*problema*". Esto es tener la mente en el cielo, con los pies en la tierra: saber que todas las dificultades son procesos de aprendizaje en nuestra vida, reconociendo que sí se pueden convertir en una gran oportunidad de crecimiento integral que trascienda en el beneficio de todos los involucrados en un proceso como este.

Lily Pais
Miami 2014

Prefacio

Este libro está dedicado y dirigido a todos los padres y en especial a las mujeres que hemos pasado o estamos pasando por una separación o un divorcio, y tenemos hijos. También va dirigido a la mujer que sufre apegos emocionales hacia el hombre a pesar de ser profesional e independiente económicamente, pues la realidad es que, a pesar de ese cambio en la mujer hacia la liberación femenina, aún no ha logrado liberarse de esas ataduras emocionales.

En mi experiencia personal y profesional, me desempeño como "Asesora de Vida" o "*Life Coach*"; esta posición me ha permitido poder comprobar que muchos padres en proceso de separación o de divorcio, ya sea por falta de información o de orientación, hemos involucrado psicológicamente a nuestros hijos en este dramático proceso sin tener una conciencia clara del fuerte impacto emocional, a veces negativo, que creamos en el niño o adolescente. Impacto que generalmente lo acompañará en su futuro. Por eso las madres representamos para nuestros hijos un papel fundamental en esta etapa de crisis.

Es esta la razón más importante que me inspiró a escribir. Este libro va dirigido a todas las madres: a las que actualmente están en plena evolución de los acontecimientos y a las que ya han superado las etapas. Me ha motivado como único fin el poder llevarles un mensaje de fe y esperanza. Una manera de tomar medidas, de prevenir, para evitar de la mejor forma posible que nuestros hijos sufran más de lo que ya están sufriendo ante lo que significa para ellos la separación de sus padres.

Quiero muy especialmente dedicar este libro a la Licenciada y terapeuta Mayra López, mi guía espiritual y amiga a quien tanto agradezco su amor incondicional, su paciencia y tolerancia que en todo momento mostró. Mi madrina me acompañó y me ayudó a ser capaz de sobreponerme a la separación con una actitud madura, saludable y constructiva. A través de sus consejos conseguí la inspiración para transmitir a mi hijo la fuerza y entereza con las que resistió los drásticos cambios que estaban ocurriendo en su vida.

Como testimonio puedo decirles que ha sido gracias a sus sabios consejos, unidos a mi buena voluntad de hacer las cosas de la mejor manera posible y permitir su orientación, que tanto mi hijo como yo hemos obteniendo los mejores resultados para sanar. Hoy por hoy nuestra relación está llena de confianza y respeto.

Sé que son muchas las mujeres que podrán identificarse con este libro y que verán en este reflejo una posibilidad real para nacer de nuevo.

Introducción

Fueron muchas las veces en que me pregunté "si realmente Dios existía", y cuando la respuesta era afirmativa, entonces me resultaba imposible creer en su justicia, pues no podía comprender el porqué de tantos niños desamparados, abandonados, abusados. No comprendía el porqué de tantas separaciones, divorcios. ¿Por qué esa falta de sensibilidad y compasión entre los seres humanos? Eran días de inconformidad con la vida misma, pero sobre todo con mi propia vida, ya que no encontraba respuesta al caos que veía a mi alrededor.

Tuve que trabajar mucho la parte espiritual. Era importante enfocar mi vida con una mirada distinta. Hoy en día soy más consciente. Ha sido a través de la experiencia de mi despertar espiritual que comprendí lo esencial que era concentrarme sólo en el ahora, en el presente. Vivir el presente es estar "alerta" con mis acciones y reacciones: el ayer ya pasó, el mañana no ha llegado. *Hoy* es el tiempo para valorar y agradecer lo que tengo. Esto me permite apreciar verdaderamente el regalo que Dios nos ha dado: el mar, los ríos, las montañas, los llanos, la naturaleza, más infinidad de bendiciones que nos rodean si estamos alerta para verlas. Somos responsables de nuestras decisiones y acciones. Es cierto que hay acontecimientos tristes que están fuera de nuestro control, pero en la mayoría de los casos estos acontecimientos surgen como respuesta a muchas de nuestras actitudes, que en consecuencia originarán resultados poco favorables. El mundo es como es, en parte porque nosotros lo hemos hecho así. Podemos ser totalmente irreflexivos, desvalorizar tanto las cosas hasta llegar a actuar de manera inconsciente.

Ahora puedo reconocer que Dios no es el culpable de nuestras desgracias, creo más en el lema: "Ayúdate que yo te ayudaré".

Para no caer en ese vacío, para llevar una vida enriquecedora lo ideal es conectarnos con nuestro *Ser interior*. Esto se puede lograr aprendiendo y haciendo prácticas de meditación, leyendo libros de crecimiento espiritual y de reflexiones diarias. Mantener contacto con la fuente que nos da vida, que para mí es Dios a través de nuestro espíritu, y si es posible, buscar o tener un buen guía espiritual.

Personalmente tomé la decisión de querer estar bien. Esto implicó cambiar cosas de mi vida: renunciar a muchas costumbres, tradiciones, viejas creencias y a una mentalidad bastante superficial. Hice conciencia, entendí que la felicidad y la tristeza llegan por momentos y que nada es permanente ni seguro. Si quiero conseguir la paz tengo que aprender a escuchar para poder conectarme con las enseñanzas de personas espiritualmente elevadas. Aprender de sus experiencias y consejos, alimentar mi mente con pensamientos positivos, vivir activando a diario esos conocimientos, pero sobre todo vivir de manera coherente: pensar, hablar y actuar de una misma manera.

Experimentar la vida es una aventura, pero es esencial aprender a transitarla porque tiene sus altos y sus bajos. La aceptación debería ser una práctica diaria, no todo siempre ocurre de la manera que deseo; definitivamente hago lo que debo y puedo hacer, pero finalmente los resultados son de Dios. Así, soltando viejos hábitos e ideas, he podido vivir un día a la vez, he aceptado mi realidad siempre con fe y esperanza. Veo ahora la vida con mirada positiva, pensando de una forma madura: al ser más consciente de la vida misma, estoy consciente de que nada es eterno. Creo, como dice el refrán, que: *"No hay mal que dure cien años, ni cuerpo que lo resista"*. Todo está ya diseñado; al seguir el camino donde damos a lo espiritual su valor y el lugar que le corresponde, todas las cosas fluirán y obrarán siempre para bien.

Gracias a ese poder superior, representado para mí en Dios, comprendí que la fe es paciencia y esperanza. Hemos nacido con instintos que nos sirven como instrumentos de supervivencia, los cuales al desbordarse ocasionan un caos a nuestro alrededor, tanto por el perjuicio personal como por el daño hacia otros. Para mantener estos instintos en su cauce natural es importante manejarlos activando los dones espirituales como el perdón, la humildad, el respeto, la consideración y la compasión.

Al descubrir cuáles son mis debilidades aprendí a manejarlas. Me di cuenta de que yo no era "tan" víctima como pensaba, y que en definitiva no era la única en el mundo que estaba pasando por situaciones difíciles. Cuando tomé conciencia, admití y me rendí a la realidad de que había que hacer un cambio en mí. Al comenzar a dominar esas debilidades, logré encontrar la paz y la serenidad que tanto anhelaba.

Como esta mencionado en la Biblia: Oseas 4:6 "Mi pueblo padece por falta de conocimiento."

No ha sido fácil renunciar a los pensamientos que se arraigaron en mí durante la infancia, tampoco fue sencillo rechazar situaciones que eran muy cómodas y tentadoras para mí. Y es que sólo en mi esfuerzo y por la gracia de Dios he podido vencer.

Los valores espirituales

Aunque soy de fe cristiana, no soy practicante ni pertenezco a ninguna entidad religiosa, pero respeto todas las doctrinas y ritos tanto como a sus respectivos seguidores. Creo en las escrituras del Apóstol

Pablo, quien fue un erudito, experto en idiomas que hablaba más de 5 lenguas. Sus escrituras son sabias y poderosas; todo lo que está escrito por él en sus 14 epístolas fue inspirado por el Espíritu Santo, según él mismo lo dice.

Los temas religiosos son supremamente delicados y la religión es muy personal, pero creo que cualquier inspiración que uno decida seguir, siempre nos ayuda a conectar con la fuente Divina que nos creó y que llevamos en nuestro ser interior. Apoyarme en la guía de estos valores esenciales, me ayudó mucho en mi proceso, pues haber crecido espiritualmente me ha enseñado hasta convencerme de que la cura para cualquier mal es, *en definitiva,* alimentar y activar la parte espiritual.

Primera Parte

uno

———

La confusión

Fue un día, en plena separación, cuando percibí que mucho antes de tomar esta decisión, ya había abandonado a mi hijo emocionalmente.

Todavía recuerdo la profunda frustración, la pena, la ira, la tristeza que me embargaban, y las cuales no tenía ni idea de cómo asumir ni enfrentar.

Pasó mucho tiempo antes de buscar la ayuda apropiada que nos permitiera solventar las diferencias que había en mi relación matrimonial; el deterioro se había iniciado largo tiempo atrás. Ya en los primeros años se presentaron situaciones que no supe cómo manejar. Eran momentos en los cuales estaba llena de inseguridad: había salido de mi país para llegar a la ciudad de Miami donde empezaría una vida en pareja, una vida familiar, una nueva experiencia. Mi primera experiencia de casada, que ha sido hasta ahora la única.

Con el tiempo logré encontrar las fuerzas y decidí buscar ayuda profesional: terapia de pareja. Hoy siento paz en mi corazón por haberlo hecho. Sé que puse mucho de mi parte, que hice lo humanamente posible para conservar la unión familiar. Fue quizá por causa del destino, o por los planes que Dios tenía para mí, que al final ocurrió la separación.

En el transcurso de las consultas me fui dando cuenta de las grandes diferencias que había entre mi esposo y yo: tanto por la manera de pensar como por la manera de educar a nuestro hijo; incluso hubo situaciones externas que no podíamos controlar y que nos afectaban fuertemente. Todo se escapaba de mis manos. Hoy reconozco mi parte de responsabilidad, pero más que nada mi falta de madurez e incluso la falta de orientación.

Durante esa época me sentía muy tensa. Recuerdo que mi capacidad de dar a mi hijo paz y serenidad era limitadísima. Por el contrario, fui constantemente impaciente e intolerante con él. Lo único que deseaba era que llegase la noche para acostarlo a dormir. Mi niño tenía entonces 7 años de edad.

Cuando vivía en Caracas era económicamente independiente y dueña de mi propia empresa, aunque a pesar de ello seguía viviendo con mis padres. Por motivos laborales viajaba con gran frecuencia, lo cual me hacía sentir aún más libre. Al llegar a Miami mi vida dio un giro drástico: estaba embarazada y me tocó depender totalmente de mi esposo, porque al tener visa de turista no podía buscar empleo.

El hecho es que empecé a sentirme aún más frustrada después de dar a luz. Mi mundo personal e individual parecía haber acabado: todo mi tiempo estaba dedicado al recién nacido. No tenía la preparación psicológica, ni mental, ni emocional para tener un hijo. Ya de por sí había sido un shock recibir la noticia del embarazo. Siempre fui dueña de mi tiempo y estaba acostumbrada a ser libre; se me hacía muy difícil llevar esa nueva vida tan diferente y llena de ataduras. Así pensaba. En aquel entonces no tenía la suficiente madurez para concientizar lo importante que era traer a un niño al mundo.

Acostumbrada a trabajar independientemente, estando casada hice varias tentativas laborales; entre ellas, aprovechando el boom de la cibernética, mi esposo y yo iniciamos un negocio por internet que al poco tiempo abandoné para dejar bajo su control. Estaba desmotivada, confundida, no sabía lo que realmente quería, mi ánimo decrecía día a día. Ni siquiera tenía entusiasmo para iniciar mis clases de inglés pues era demasiado el esfuerzo para enfocarme.

Tampoco percibía que mis pensamientos se centraban sólo en mis intereses personales, y siempre me sentía inútil a pesar de tener la enorme responsabilidad de cuidar a mi hijo. Ni siquiera el acompañar a mi marido en sus múltiples viajes de negocios aliviaba la sensación de vacío y la carencia de comunicación.

Yo deseaba de todo corazón que él me entendiera. Quería arreglar nuestras diferencias. Lógicamente no lo lograba porque no tenía la habilidad para expresar cómo me sentía realmente; pretendía que él lo adivinara, que supiera cuáles eran mis pensamientos o que descubriera lo que me pasaba: el agobio, la congoja, la enorme confusión.

Mientras que yo moría por dentro, él andaba bien; incluso puedo decir con seguridad que pensaba que todo estaba bien. Reaccionando yo de forma tan inmadura y sin saber cómo hacer, jamás logramos tener una conversación profunda; nunca pude ser honesta con él ni exteriorizar lo que realmente había en mi corazón.

A pesar de las grandes diferencias que existían entre nosotros, hubo momentos lindos. Nos queríamos, teníamos cosas en común, pero faltaban la comunicación y el entendimiento, cosa que maltrató mucho la relación. La inestabilidad emocional, que para mí era inconsciente aunque la sentía, se la terminé transmitiendo a mi pequeño hijo.

Afectado por eventos externos, el matrimonio se tambaleaba con emociones para mí imposibles de controlar; no podía ser ecuánime, mucho menos objetiva. La situación me estaba ganando.

Entonces Dios me escuchó y envió un ángel a mi vida. *Es a quien yo bauticé como mi Madrina Espiritual, una gran terapeuta profesional.*

La conocí en uno de los grupos de apoyo a los cuales eventualmente asistía. Así comencé con ella esta etapa tan delicada de mi vida, en la cual siempre me acompañó. Sin fuerzas para permanecer en el matrimonio, mi único deseo era la separación. Mi madrina sugirió que antes de tomar la decisión definitiva sería bueno tratar de resolver las diferencias y luchar hasta el final por la familia. Con mi corazón y algo más de paciencia lo di todo. Pasado el tiempo, se inició una etapa dolorosa donde nuestras diferencias aumentaban hasta llegar al momento en el cual, a pesar de los esfuerzos, supe que ya no había solución. Los sabios consejos de mi madrina me permitieron ser justa y tomar la decisión más importante. Gracias a su ayuda logré una separación menos traumática, a pesar de las dificultades que tenía que enfrentar.

dos

—

El miedo natural vs.
el miedo que paraliza

Mi madrina apareció en el momento más adecuado: justo cuando más sola me sentía, llena de emociones negativas a tal punto de no poder pensar de manera objetiva debido a la situación que experimentaba.

Tenía mucho miedo de enfrentar el divorcio, no estaba clara de cuál sería la posición económica en la que íbamos a quedar mi hijo y yo, tampoco sabía cómo mi esposo iba a reaccionar con esta separación. Sentía que el miedo me paralizaba; la sensación de estar *literalmente* desprotegida junto con mi hijo me hacía sentir abandonada de Dios.

Cuando el miedo se apodera de nosotros lo que se siente por dentro es indescriptible. Hay sentimientos de miedo reales; estos ocurren cuando se está viviendo una situación fuerte como puede ser la separación, el divorcio, la muerte o enfermedad de algún familiar o de un ser querido. Lo más aconsejable en esos momentos es activar la fe, tenerla presente a diario, alimentar el espíritu para no derrumbarse por completo.

El miedo es un instinto de conservación, de supervivencia; cuando es excesivo se presenta a través de pensamientos imaginarios creados por situaciones irreales. En nuestra mente se proyecta la certidumbre de un cercano y fatídico futuro que surge como una visión real, aunque sea inexistente. Ese es el miedo que paraliza y que nos lleva a cometer muchos errores.

Cuando las emociones llegan al límite, al punto de que el miedo se sale de su cauce natural, debemos buscar la ayuda de personas profesionales y capacitadas. Primero que todo para que nos ayuden a identificar la raíz y la naturaleza exacta de nuestros miedos y, una vez identificados, nos ayuden a encauzarlos con guía y orientación adecuada a nuestras necesidades del momento.

El miedo desbordado paraliza y no te permite ser objetiva; las decisiones basadas en el miedo sólo traen problemas. El miedo produce hipocresía y falsedad, haciendo daño a uno mismo y a las personas que nos rodean. El miedo permite que se te acerquen personas negativas. *Al que tiene miedo no le gusta lo positivo:* el miedo es una completa ausencia de fe.

Cuando sufrimos de miedo excesivo, aun siendo personas con buenos sentimientos, actuamos de una manera egoísta reflejando inmadurez en cada uno de nuestros actos.

Se han visto casos de padres de familia o exesposos que durante la separación, por miedo a que les quiten más dinero de la cuenta o más de lo que ellos consideran adecuado, se adelantan a los hechos y reaccionan con egoísmo sin pensar en los hijos. En múltiples ocasiones ha ocurrido que una mujer ha tenido que presentarse en la Corte de familias para exigir la manutención que corresponde a sus hijos. Todo eso es generado por el miedo excesivo.

Si es verdad que existen muchos casos de madres de familia o mujeres que pierden la objetividad y se exceden pidiendo más de lo que estipula la ley, pero eso no justifica, ni siquiera a veces, el grado de egoísmo y mezquindad en la que muchos padres incurren al negar a sus hijos o a sus ex-esposas lo que realmente les corresponde.

En mi caso, tengo la certeza de que mi exesposo jamás habría abandonado a nuestro hijo. Pero en aquel momento aumentaba mi incertidumbre saber que estábamos bajo sus condiciones; experimenté la realidad de encontrarnos en desventaja, lo cual no me dejaba mucho margen de negociación.

Aquí expongo las principales razones por las cuales muchas parejas, aunque el matrimonio se haya convertido en un fracaso, no toman la decisión de separarse:

Según el estudio del buffet Slater & Gordon:

Las 10 causas del miedo a separarse

1. Creo que no tengo el coraje suficiente.
2. Tengo miedo de arrepentirme.
3. Espero que mejoren las cosas entre nosotros.
4. Causaríamos demasiado impacto en la familia. Tenemos que seguir juntos por los niños.
5. No podría sostenerme económicamente.
6. No quiero tener que dejar mi hogar o tener que vender la casa familiar.
7. Creo que ya soy demasiado mayor.
8. Me sentiría culpable dejando a mi familia.
9. Tengo miedo de tener que enfrentarme a la vida yo solo.
10. Me preocupa la soledad.

Muchos de nuestros miedos no se basan en hechos sino en sentimientos, la mayoría de las veces sustentados en falsas expectativas.

En definitiva, no podemos darnos el lujo de detenernos ante el miedo que sintamos en un determinado momento de nuestra vida, y mucho menos cuando ese temor carezca de lógica. Hay que ver la realidad, aceptarla y decidir asumirla con conciencia y responsabilidad.

tres

———

Involucrarse en nuevas relaciones en la etapa de separación y sus consecuencias

Comprometernos en una relación sentimental durante la separación es el error más grande que podemos cometer; más aún si estamos en la etapa de negociación económica, porque esto afectará directamente a nuestros hijos.

Sea cual sea la razón por la que una pareja llega a la separación: ya sea porque el esposo se relacionó con otra persona, por infidelidad, por egoísmo, porque el amor se terminó, por diferencias irreconciliables o por cualquier otro motivo, no es saludable de ninguna manera involucrarse con una nueva pareja en esos momentos.

Iniciar otra relación en la etapa de la separación suele ser motivo de profundo daño emocional en los hijos. El sufrimiento que ellos experimentan es indescriptible porque están empezando la etapa del duelo ante la pérdida de la unión de sus padres. Pretender que acepten a nuestra nueva pareja, incluso a veces imponiéndola a la fuerza o hasta llevándola a vivir al mismo hogar donde antes lo hacía la familia, representa una *total falta de conciencia* por parte de quien ejerce tal acción.

Muchas veces los niños se sienten desplazados, y tienen motivos para ello, porque al iniciar una nueva relación e incluso al tener otro hijo, la familia "*anterior*" ya no ocupa el primer plano.

En esta situación, la sinceridad es crucial para no quejarnos de los cambios de carácter que presenten nuestros hijos en el futuro. Es lógico que se vuelvan rebeldes, que bajen las notas escolares, que traten de llenar esos vacíos con amigos, fiestas o que empiecen a involucrarse con amistades poco convenientes, personas que influencien de manera negativa su comportamiento, como en muchos casos que se inician en el consumo de alcohol y drogas.

Es muy fácil que en esas circunstancias empiecen a sentir que no tienen identidad alguna porque la perdieron cuando sus padres se separaron, y tampoco soportarán que sus padres inicien una nueva relación.

Estas son las lamentables consecuencias que pueden ocurrirle a nuestros hijos cuando los padres faltamos a su integridad como seres humanos, cuando no respetamos su derecho al tiempo que ellos necesitan para asimilar la pérdida de un hogar y la base de su familia.

Ellos necesitan más que nunca de nuestra atención porque los efectos de la separación los hacen sentir emocionalmente abandonados; las consecuencias recaerán finalmente sobre nuestros hijos.

Cuando se da este tipo de comportamiento en alguno de los padres, se demuestra la dependencia emocional del hombre o de la mujer, que piensan primero en su *"conveniencia"* antes que en la tranquilidad y equilibrio que se debe proporcionar a la mente inocente de sus hijos.

En lugar de ser un alivio para nuestro ánimo, perturbado por tan dolorosa y triste situación, comprometernos con una nueva pareja complica más el proceso de separación creando graves conflictos. En la mayoría de los casos es un acicate que despierta bajos instintos en los exesposos, sentimientos de celos, de venganza y muchas otras reacciones nada convenientes.

Estas son razones muy importantes para que la madre, mientras viva esos momentos, evite involucrarse en una relación sentimental.

Si lo hiciera, inclusive corre el riesgo de perder la guardia y custodia del hijo, porque sería una justificación perfecta para el exesposo. Le ayudaría además a no asumir las verdaderas responsabilidades que le corresponden como padre, tanto la económica como la de atención y cuidado. Es todavía más imperdonable cuando se utilizan esas excusas como fin para no cumplir con las obligaciones paternales.

En conclusión, darse el tiempo para conocer bien y elegir adecuadamente a la persona que queremos que comparta la vida con nosotras y a la que deseamos como el futuro padre de nuestros hijos, implica que como base posea valores y principios acordes con los nuestros, porque esto ayudaría en caso de una separación se logre llegar a un buen final a pesar que puedan existir otras diferencias.

Debemos también estar conscientes de que muchos padres responsables también sienten el dolor de tener que separarse de sus hijos. Sufren igual aunque no sepan cómo demostrarlo. Nuestro aporte como madres es dejar a un lado el egoísmo con el fin de aportar las soluciones apropiadas, porque es una etapa donde las emociones son vulnerables y están a flor de piel, más aún si son ellos quienes tienen el control económico; entonces el poder que les da ese dominio lo ejercerán con gran determinación. Su egoísmo siendo instinto natural al desbordarse y transformarse en defecto de carácter no les permitirá pensar con cordura, ni pensar en las consecuencias negativas que van a recaer en sus propios hijos.

En conclusión, según la guía de hijos de padres Divorciados realizada por el Miami Dade College, escuela de educación continua:

"El divorcio en sí no destruye la vida emocional de los hijos, son las reacciones negativas y la conducta desajustada de los padres las que impiden que los hijos se adapten de manera efectiva a una separación".

Así pues, por el bien de nuestros hijos, debemos actuar con inteligencia y con mucha cautela. En una separación, la familia debe mantenerse lo suficientemente comprometida como para que los hijos no pierdan el sentimiento de pertenencia, y que a la vez sean tan flexibles como para acomodarse a los cambios. También es fundamental que las fronteras de este nuevo sistema parental se conserven y que los padres sostengan su jerarquía para poder continuar cumpliendo las normas.

He sido privilegiada al tener el apoyo de mi madrina. Ella me hizo comprender lo importante que era *esperar un tiempo prudente antes de relacionarme con alguien más*. Lo primero era recuperar mi bienestar emocional y espiritual y, sobre todo, centrarme en las prioridades, cerrar bien los ciclos y lograr la estabilidad necesaria, arreglando la situación financiera con mi exesposo.

Tardé algunos años en sanar los resentimientos y en manejar el duelo; fue mucha la energía que necesité para estar presente en la vida emocional de mi hijo. A medida que me iba recuperando, mi hijo también lo hacía y por esta razón comprendí lo importante que es darse un tiempo prudente para cerrar el ciclo emocional, sanar las heridas del pasado, asimilar el aprendizaje de la experiencia vivida y reencontrarse con uno mismo, antes de involucrarse en una nueva relación tras una separación.

cuatro

Los asuntos económicos: cómo afectan en una separación

Durante el tiempo de la separación estaba tan enfocada en resolver la situación económica con mi exesposo, que no tenía cabeza para dedicar a mi hijo ni el tiempo ni los cuidados que necesitaba. En esa etapa en que los hijos requieren de nuestra mayor atención yo estuve físicamente presente para él, pero emocionalmente ausente.

El apoyo de mi madrina en ese momento fue crucial. Siempre estuvo conmigo ayudándome y ofreciendo sus sabios consejos. Con mucho esfuerzo logré equilibrar mis miedos y, gracias a Dios, el padre con el tiempo empezó a respondernos de una manera positiva.

A decir verdad, siempre pensé que Dios había sido injusto con nosotras las mujeres; además de tener la responsabilidad de criar a nuestros hijos, en muchos casos nos vemos *obligadas* a salir fuera de casa a buscar empleo para el sustento del hogar, aunque tengamos niños pequeños. Pero lo más triste es que muchas madres no tienen experiencia laboral, son mujeres que se dedicaron de lleno a la vida de hogar sin desarrollar una profesión; entonces, al separarse, deben salir a la fuerza en busca de un trabajo porque los exesposos no les dan el aporte monetario suficiente que las respalde.

En el caso de las mujeres que están capacitadas para alcanzar una independencia económica, muchas experimentan la injusticia por parte de los exesposos pues terminan siendo ellas las que aportan al hogar más de lo que les corresponde.

Esto es hoy en día una realidad. Es lo que viven millones de madres debido a la separación o al divorcio. Aquí no estoy considerando las estadísticas del abandono, algo en lo que incurren una gran cantidad de hombres: ya sea porque dejan a mujeres embarazadas sin tener ninguna consideración y sin ningún tipo de remordimientos con ellas, o porque al separarse se olvidan de prestar atención y cuidados a la que todavía sigue siendo su familia.

En lo personal, he tenido la dicha y el privilegio de vivir holgadamente. El acuerdo económico al que llegué con mi exesposo me permitió estar presente cuando mi hijo llegaba del colegio, podía ocuparme de que realizara sus tareas y lograr, en lo posible, que cumpliera con todas sus actividades extraescolares. Le enseñé a ser responsable y a tener constancia en todo lo que hiciera. Pero lo más importante es que tuve la dicha de estar presente en los momentos más difíciles de su vida y pude apoyarlo emocionalmente. Esta ha sido una invaluable oportunidad que la vida me ofreció.

La mayoría de las madres divorciadas no tienen la misma suerte que yo tuve; son una gran cantidad aquellas a las que les toca armarse de valor y buscar la manera de salir adelante sin ningún tipo de ayuda.

Es triste, y ha sido a veces frustrante para mí como *Life Coach* profesional, recibir en la consulta a mujeres a las que les toca lidiar con sus emociones y combatir a diario con sus miedos y el desamparo. Sufren y luchan para asumir las consecuencias que les causa un insuficiente apoyo económico de los exmaridos. Normalmente ellos tienen la posibilidad de aportar una mayor cantidad de dinero, pero no lo hacen. Los hombres no pueden imaginar lo que la mujer experimenta con esa actitud, pues la carga emocional para una madre en proceso de separación y con hijos es muy pesada.

Con respecto a la educación de los hijos, no es lo más común ponerse de acuerdo durante la separación de sus parejas; con frecuencia los padres asumen una posición intolerante y se vuelven un estorbo en la educación de los hijos. Las causas de este comportamiento se deben a que se ponen celosos, se vuelven competitivos o simplemente tienen una gran desidia que, unida a la pereza de responsabilizarse de una manera verdaderamente justa, no les permite colaborar para que sus hijos tengan los mejores estudios. Entonces, finalmente toda la carga psicológica y emocional recae sobre las madres, algo que convierte la separación en un evento más tedioso y traumático.

Es muy importante, para la mayoría de las madres que *"somos responsables"*, conservar una buena posición económica. La queremos para que *nuestros hijos sean justamente beneficiados.*

Muchos padres, durante la etapa de divorcio, no alcanzan a comprender o no pueden asimilar que esto sea una realidad; están ensimismados pensando de una manera egoísta y controladora, se olvidan de la situación que están viviendo los hijos, pasan por alto el bienestar y la paz que a sus chicos les conviene tener en esos momentos tan dolorosos.

Si estamos en una posición de dependencia al 100% de nuestros exesposos, es de vital importancia actuar con inteligencia. Es importante hacer todo lo posible por preservar la seguridad económica, no exponerla: *debemos ponerle razón a la emoción.* Hay que estar pendientes de no actuar de manera impulsiva e irracional, mucho menos permitir que los sentimientos negativos controlen nuestras acciones. El punto está en pensar de manera sensata y madura.

No es fácil evitar sentirnos frustradas, tristes y confundidas. Durante la negociación necesitamos trabajar con nosotras mismas y lograr la serenidad, de manera que podamos tomar las decisiones más adecuadas pensando en primer lugar en el bienestar integral de nuestros hijos. *Las actitudes negativas de nuestros esposos no pueden influir en nuestras acciones,* tenemos que poner lo máximo de nuestra parte para marcar esa diferencia.

Conservar un buen estatus económico por y para nuestros hijos es lo más lógico y lo más natural del mundo. También lo es valorar con prioridad a una madre, comprender que si ella está bien, sus hijos también lo estarán.

El respeto y la consideración en un proceso tan delicado como este, se ganan con una buena moral, con nuestros actos y con acciones nobles. Sólo así podemos exigir respeto; no podemos pedir algo que nosotras mismas no estamos ofreciendo.

Al ser coherentes con lo que pensamos, con lo que decimos y con lo que hacemos, demostramos que tenemos una mentalidad madura.

En los tiempos de negociación es muy fácil caer en una "lucha de poderes". Los objetos materiales pueden tomar tal importancia como para causar peleas y discusiones que cada vez serán más continuas. Es mejor soltar el control. No apegarse a las cosas, *sobre todo si empiezan a afectar nuestra vida emocional.*

Llega un momento en el cual, por mucho que hagamos, el resultado siempre será igual. Es entonces momento de soltar, es la vida misma diciéndonos que ya basta. Hay que aprender a no aferrarnos a las pequeñas cosas porque no vale la pena. A su debido tiempo tendremos lo que deseamos, aunque no siempre llegue de la manera que pensamos. Cuando soltamos, liberamos mucha energía y la sensación de tranquilidad es indescriptible.

La mejor arma que tenemos para superar esa "lucha de poderes" es no seguir con el apego a lo material: ni al televisor, ni al equipo de sonido, ni al móvil ni a nada. ¡Suéltalos!

"Para bailar el tango se necesitan dos". Permite, pues, que Dios entre en acción. Nuestra mente tiene un límite pero Dios no tiene límites, para Él nada es imposible.

La verdadera lucha debe ser por lo justo, por lo que verdaderamente nos pertenece a nosotras y a nuestros hijos. Es, en definitiva, lo que debemos hacer, sin olvidar lo importante que es pedirle orientación a Dios.

No son momentos fáciles. Con su ayuda nos podremos situar en el lugar correcto, encontrar en nuestro camino a las personas adecuadas, como un buen abogado, un buen asesor que administre nuestra economía, un guía espiritual, un *Life Coach* especializado en separaciones, un buen psicólogo o un buen terapeuta familiar.

Personas que, con su experiencia y nuestro permiso, podrán guiarnos y harán que evitemos muchos conflictos, los propios que se generan por la separación o el divorcio. Con el apoyo de estos profesionales sabremos cómo tomar decisiones equilibradas, razonables y justas. Su intervención es oportuna y efectiva porque ellos son imparciales al no estar emocionalmente comprometidos con el problema. Por eso tienen la capacidad de ser objetivos para ayudarnos.

Mantener una actitud positiva durante la etapa de separación no es fácil, pero tampoco es imposible llegar a un acuerdo de una manera amable, adulta y sobre todo fluida. Eso depende de la actitud que decidamos asumir.

Es muy importante no perder la Fe: confiar, manteniendo la esperanza de que en algún momento las cosas mejorarán.

cinco

Los acuerdos saludables
cuando toca compartir a los hijos

Una vez separada, recuerdo que mis pensamientos se enfocaron en la "buenísima" suerte que poseían los hombres, porque en la mayoría de los casos las mujeres se quedan a cargo de los hijos mientras que los padres sólo comparten con ellos, "si es que pueden", durante uno que otro fin de semana.

Este pensamiento, siendo cierto hasta un punto, influyó en mí al vivir la separación, resultándome difícil identificar mi egoísmo, y mucho menos reconocerlo. A menudo iniciaba discusiones antes que *negociar opciones,* y en ocasiones utilizaba inconscientemente a mi hijo para alcanzar propósitos. Si bien mi objetivo era siempre obtener beneficios a favor de él, la manera en que actuaba por el miedo a no conseguirlo me hacía reaccionar de manera egoísta.

De forma obsesiva pensaba que mi exesposo se aprovechaba de las circunstancias y actuaba solamente por interés personal, obviando su responsabilidad, al plantearme cambios de fechas para compartir con *nuestro hijo* o al querer remplazar los días que le correspondían. En esa época los cambios de fechas eran constantes motivado por los múltiples viajes que programaba según sus compromisos laborales.

Mi actitud era totalmente intransigente, centrada sólo en lo que él hacía o dejaba de hacer. Sabía que mi exesposo, por su nivel de trabajo y estilo de vida, requería frecuentar los mejores hoteles y restaurantes y tenía una vida social bastante activa en cada uno de sus viajes. Él era realmente libre, y sin embargo yo estaba imposibilitada de experimentar "esa libertad" debido a mi situación.

La palabra envidia no existía en mi vocabulario, pero empecé a identificar ese sentimiento muy negativo en mí cada vez que me enfocaba en la vida de mi *ex*. Era realmente enojo lo que sentía con una mezcla de impotencia y frustración, pues mientras esos pensamientos se revolvían en mi cabeza, yo me sentía atada de pies y manos con un niño pequeño dependiente por completo de mí. A pesar de disfrutar la compañía de mi hijo, la rutina me aburría. A esto se sumaba la inestabilidad emocional causada por mi separación; era triste mirar cómo me sentí en mi pasado, pero eso fue lo que yo viví, lo que yo experimenté.

Se supone que era una bendición tener la oportunidad de estar presente en la vida de mi hijo todo el tiempo, pero en esa fase de la separación no era lo único que yo realmente deseaba. Dentro de mí se movían muchos pensamientos y sentimientos contradictorios. Llevarlo todos los días a la escuela, estar pendiente de que realizara sus tareas, llevarlo a sus actividades extraescolares, etc., se mezclaban con la frustración, el aburrimiento y la monotonía que me acompañaban. Cada día me obsesionaba más la forma de realizarme profesionalmente en este país tan difícil para lograr salir de esa rutina. No es que le esté quitando mérito al hecho de que una mujer pueda ejercer su profesión y a la vez el rol de mamá, sino que por el momento que experimentaba, sin darme cuenta desvalorizaba el papel de ser madre. Para aquel tiempo no me sentía capaz de sopesar lo que realmente significa **estar presente en la vida de mi hijo**. El valor más importante a mi juicio. Confieso humildemente que no expresaba agradecimiento por nada.

Recuerdo un día que mi madrina al ver mi actitud, señalaba constantemente mi comportamiento como egoísta e inmaduro hasta que llegó el momento que me confronto llevándome a reflexionar con sus palabras.:

> Si tu exesposo tiene que viajar por negocios, pero está cumpliendo con la parte económica que le corresponde, ¿por qué no eres capaz de aceptar *de una vez* que modifique los días? Colabora con él. Quédate con tu hijo, más si tienes el chance de organizar tu tiempo para poder hacerlo.

Debo aclarar que existen diferentes situaciones donde muchas veces nosotras, las madres divorciadas o separadas, tenemos razones valederas para molestarnos; sobre todo cuando es frecuente la irresponsabilidad de los padres, que manipulan con mentiras difíciles de comprobar para liberarse de sus responsabilidades parentales: especialmente todos los fines de semana con sus hijos o en época de vacaciones.

Independientemente del caso que se presente, es conveniente y constructivo resolver los problemas buscando soluciones prácticas; más si hay solvencia económica y es posible contratar a una *baby-sitter*, pagada por ellos en caso de que decidan realizar esos cambios de tiempo. De esta manera, ninguno de los dos padres tendría que cancelar compromisos adquiridos en fechas coincidentes y verse afectados.

En los casos de separaciones donde la economía se reduce, es mucho más difícil solucionar con rapidez las diferencias; pero esto no debería ser un impedimento para buscar soluciones alternas donde ambas partes se beneficien. Las que pueden apoyarse en su familia también tienen una gran ventaja, pero siempre hay que estar conscientes de buscar apoyo familiar con un sano equilibrio, ya que es nuestra total responsabilidad estar a cargo de nuestros hijos.

Muchas madres trabajan mientras también tienen que hacerse cargo de sus hijos; en estos casos necesitamos colaboración y apoyo de los padres. Aunque ellos tengan compromisos laborales y deban viajar constantemente, una manera saludable de negociar el turno de los fines de semana con sus hijos es que ellos recuperen estos días perdidos, durante los días de semana laborables, o por dos fines de semana seguidos.

Lograr buenos acuerdos para turnarse a los hijos no solamente es favorable y beneficioso para ellos, sino también para las madres que trabajan y necesitan descansar, distraerse, romper un poco la rutina diaria. El descanso en definitiva ayuda a tener buen humor y a recibir con mucho más ánimos a nuestros hijos a su regreso.

Aquella contradicción que sentía al principio, cuando confrontaba mis intereses personales con mis deberes de madre, se convirtió en un gran aprendizaje para mí, justo en el momento en que me tocó vivir la experiencia de tener que compartir a mi hijo con su padre en las fechas más significativas.

En las épocas de navidades y vacaciones, los primeros años de separada fueron los más tristes y dolorosos que experimenté. Tuve que aprender a desprenderme de mi hijo. Mi exesposo empezó a viajar en las épocas navideñas a su país de origen para visitar a su familia, y cuando a mi hijo le tocaba viajar con él, lo pasaba muy bien porque la familia de mi ex es muy grande. Él tuvo 4 hijos de su primer matrimonio que son sus hermanos, aparte de sus primos, tíos, abuela etc. Es una familia numerosa y la verdad es que mi hijo se sentía muy feliz cuando compartía con ellos. Por esta razón, por el bien de él, tuve que enfocarme en lo que era lo mejor para su bienestar emocional, y me tocó liberar mis resistencias para aceptar la realidad. Reconocí que lo que yo le daba no era la mejor opción en comparación con lo que su padre podía ofrecerle. Además de compartir con la familia tan numerosa por parte de su padre, ellos también planificaban siempre viajes turísticos. Varios diciembres mi hijo tuvo la oportunidad de conocer diferentes ciudades y, aunque en su momento me dolía reconocerlo, para él siempre fue la mejor opción.

Tuve que superar mi egoísmo de madre y procesar esa etapa de mi vida; me tocó quedarme sola justo en esas épocas donde vienen las nostalgias familiares. La asimilación de esta realidad fue muy triste. La aceptación de una familia rota y ese sentimiento de vacío y soledad fueron indescriptibles.

Al principio de esas etapas me sentía desolada y desubicada; no me hallaba, no sabía qué hacer. A pesar de que mi madrina siempre me ofrecía pasar las navidades con su familia, y a pesar de que algunos diciembres estuve acompañada, el vacío que mi hijo dejaba era imposible de llenar con nada.

Hubo muchos diciembres que la pasé sola en mi casa, viendo la televisión porque realmente quería estar sola. Nada me llenaba, pero fue con el tiempo y con los años, que empecé a superar estas etapas de crisis de soledad y cada diciembre procesaba mejor las cosas. En cada temporada aceptaba mi realidad de una manera más positiva, me motivaba pensando en que mi hijo lo estaba pasando bien y era feliz.

Sentirse víctima de las circunstancias en ciertos momentos es natural y parte del sentir humano; lo que no es saludable es alimentar ese sentimiento de victimismo al grado de llegar a una tristeza tan profunda y pasar por una depresión, porque es mucho más difícil salir de ella. Además, estos estados emocionales pueden desencadenar actitudes irracionales que sin querer sabotean la relación con el padre de nuestros hijos en el momento de compartirlos.

Hay que salir como sea de esos sentimientos negativos; aunque son naturales, diez minutos son suficientes para procesar, secarse las lágrimas y pedirle a Dios valor, fortaleza.

En conclusión: lo más importante es dejar de lado nuestros intereses egoístas y personales, y que el interés de ambos padres se centren en el bien común por el bien de los hijos, lo cual requiere de madurez y esfuerzo de ambos lados. La reflexión debe estar enfocada en pensar: ¿Qué tanto estoy yo aportando para ofrecer *paz a mis hijos?*, *¿qué tanto estoy yo cooperando para que mis hijos logren mantener sus emociones de la manera más estable posible a pesar de la separación de sus padres?*

seis

Programación y tradiciones culturales. ¿Un divorcio sin tener profesión?

Ahora sé que uno de los grandes errores que cometemos la mayoría de las mujeres es abandonar todo para dedicarnos exclusivamente al matrimonio y a la familia sin tener un respaldo profesional.

Por naturaleza, y por las programaciones que hemos aprehendido culturalmente, lo que una mujer quiere de un hombre es apoyo y protección, sobre todo cuando desea formar una familia. Algunas de nosotras en esa búsqueda del ideal, aspiramos a que el hombre tenga un buen trabajo, que sea económicamente estable, que sea proveedor de la seguridad idónea para ese futuro en el que planificamos tener hijos; sobre todo en los últimos meses de embarazo y después de haber dado a luz, ya que salir a la calle a trabajar no es lo más adecuado para nosotras.

Somos muchas las que deseamos simplemente ser madres de familia, pero estas razones tan importantes y válidas no deben impedir que nos preparemos profesionalmente y que podamos asumir cualquier situación de cambio que se presente en nuestra vida. Nuestro deseo de protección y de formar familia no debería ser limitante de nuestro propio desarrollo personal e integral, y que tengamos en un momento dado la valentía de responsabilizarnos por nosotras mismas y por nuestros hijos.

En conclusión, para poder afrontar la llegada de un nuevo ser a este mundo, definitivamente debemos estar preparadas tanto nivel profesional como económico, para saber resolver siempre por nuestra propia cuenta, porque con el tiempo se pueden sufrir las consecuencias de un hogar donde haya escasez de dinero. La economía en una familia no lo es todo, pero en términos prácticos y realistas es tremendamente importante.

En general, algunas veces las mujeres no tomamos en cuenta estos detalles; cuando conocemos al hombre de nuestros sueños simplemente nos llenamos de ilusión, nos entusiasmamos como quinceañeras inclusive siendo profesionales. Sin darnos cuenta nos abandonamos a nosotras mismas. No somos conscientes de estas circunstancias tan determinantes. En algunos casos nos unimos a hombres que son responsables, trabajadores, pero con pocos recursos, siendo su aporte económico insuficiente para mantener a los hijos, o puede que nos enredemos en relaciones con hombres prósperos pero machistas.

En otras oportunidades puede pasar que, al ser independientes, nos involucremos en una relación pensando desde el inicio que como somos profesionales y autosuficientes nunca necesitaremos de ellos, aunque llegue el momento en el que sea necesario separarnos; pero no pensamos ni reflexionamos en lo que significa traer a un ser humano al mundo donde vivirá y pagará las consecuencias de nuestras propias decisiones.

La perfección no existe, pero podemos ser responsables, y antes de tomar la decisión de tener un hijo, planificarlo de manera consciente, realista y madura, tomando siempre en cuenta que cuanto más completas seamos, mejor podemos estar para darle una vida integral a nuestros hijos.

La vida cambia, estamos en constante evolución y aunque esta sea una época muy confusa para la mujer, el prepararnos en todos los aspectos antes de formar una familia, ayudará a prevenir el divorcio o a manejarlo adecuadamente si se presenta el caso. La clave es desarrollar nuestro nivel profesional, emocional, mental y espiritual.

Cuando, a pesar de nuestros esfuerzos, resulte imposible mantener un matrimonio unido, la decisión más conveniente es la separación, pero antes es prudente prepararse psicológicamente para enfrentar el reto de lo que implica dicha separación. Si existe una dependencia económica y además no tenemos formación profesional, hay que encontrar la solución para contar con la garantía de un soporte monetario; se puede buscar apoyo asistiendo a centros de ayuda a madres solteras, acudir a nuestras amistades quienes quizás nos puedan ofrecer alguna oportunidad de trabajo.

Con el tiempo he comprobado que cuando la buscamos, aparece una solución a los problemas: con la ayuda de Dios, manteniendo la fe y la esperanza, asumiendo una actitud positiva y realizando las acciones pertinentes, siempre aparecerán oportunidades. Lo que no podemos permitir es rendirnos, jamás quedarnos en una relación por el temor a no salir adelante debido al miedo a la carencia económica y a perder la protección que los patrones culturales nos enseñaron a concebir en relación al hombre. Estos miedos y paradigmas nos atan a un matrimonio donde no hay solución y que también nos separan de nosotras mismas, de nuestra propia fuerza interior para superar cualquier prueba que se nos presente en la vida.

La libertad no tiene precio y vale la pena luchar por conseguirla. La mayor motivación es la que nos proporcionan nuestros hijos, y por sobre todas las cosas Dios. Es Él quien nos da esa energía para salir siempre adelante, siempre airosas de cualquier situación.

siete

Mi exesposo está rehaciendo su vida

Esta etapa de mi vida fue corta pero difícil de aceptar. Mi exesposo, al tiempo de separarnos, empezó a rehacer su camino, una nueva vida mucho más social y de más independencia. Lo lógico era que empezara a relacionarse con nuevas amistades y conocer otras mujeres, pero esto significó un fuerte golpe, no solamente a mi ego, sino también a mi alma. En el fondo yo pensaba y creía que esto no sucedería justo en esa época cuando apenas yo estaba procesando el duelo del rompimiento de mi núcleo familiar. Pasaba por eso, a pesar de estar muy segura de que no volveríamos por nuestras grandes diferencias, aunque el cariño todavía estuviera ahí. Muchas veces, muy molesta y llena de indignación, pensaba en su falta de consideración a mi persona y en el dinero que seguramente se gastaba mientras yo atravesaba limitaciones económicas, ya que para aquel momento él y yo todavía no habíamos llegado a ningún acuerdo financiero. Tuve que trabajar muchísimo el desprendimiento emocional en cuanto a mi relación con él y procesar mis resentimientos, pero por sobre todas las cosas, trabajar muchísimo mis miedos e inseguridades, porque me sentía desprotegida y muy desconfiada.

Asumir de una vez por todas que ya no era su esposa y que ya no éramos una familia me costó muchísimo tiempo de asimilar. Realmente experimenté un profundo duelo, porque la tristeza y las emociones confusas durante esa etapa de mi separación fueron lo más fuerte que me tocó enfrentar y superar. Pude haber vuelto con mi exesposo, porque él quería esa oportunidad y me dio la opción, pero la triste realidad era que él y yo no nos entendíamos. Realmente era imposible que siguiéramos unidos a pesar de que yo aún sintiera cariño por él.

Mientras yo trabajaba conmigo misma todos esos sentimientos confusos, emociones revueltas, mucho resentimiento y falta de aceptación, tenía que estar con mi hijo tratando de transmitirle toda mi paz y serenidad. Pero ¿cómo así?, ¿cómo mostrarle a mi hijo paz y serenidad si en el fondo no me sentía ni en paz, ni tranquila?

Por mi experiencia de vida pensaba que me las sabía todas y que yo sola podía resolver cualquier tipo de situación que se me presentara, pero con el pasar del tiempo y por todo lo que he vivido, he comprobado que pedir ayuda profesional en una separación matrimonial es lo más sabio e inteligente que uno puede hacer. Y así lo hice por la gracia de Dios.

Para aquel momento en que mi estado emocional me impedía pensar y accionar adecuadamente, tenía comportamientos impulsivos y por supuesto que no creía en los milagros de Dios. Mi imagen de él siempre fue dudosa, constantemente creía en un Dios castigador. Un día creía en él, otro día lo rechazaba o le tenía miedo. Era obvio que mi relación con Dios nunca fue la mejor. Siempre le recriminaba por todo lo que me pasaba, sin darme cuenta nunca de las bendiciones que tenía a mi alrededor. Siempre estuve enfocada en lo negativo y no podía enfocarme en lo positivo. Creía que existía un Dios, pero no sentía Fe.

Al final, con el tiempo, trabajando mucho con mi madrina que siempre me transmitía fe y esperanza en Dios para desarrollar tanto mi parte emocional como espiritual, logré procesar esos sentimientos de miedo y soledad y llegué a aceptar poco a poco la realidad de mi separación. Pero sobre todo, fui aprendiendo a manejar más adecuadamente la relación con mi exesposo. Mi mayor logro fue soltarlo emocionalmente.

En conclusión, por el sufrimiento que muchos hombres y mujeres pasamos en una separación familiar, es muy importante tomarse el tiempo adecuado para procesar esas emociones con el máximo de conciencia posible. Comprender que es un proceso de aprendizaje en el que debemos ser más compasivos con nuestras exparejas por respeto y consideración a ellos y a nuestros hijos; siendo más prudentes y esperar un poco antes de unirnos a una nueva relación.

Darnos un tiempo y saber desarrollar el sentido de la tolerancia y la paciencia es lo ideal. También nos ayuda saber reconocer al otro como un individuo que igualmente está pasando por su propio proceso, tratando de entender que cada quien asimila las experiencias a su ritmo y forma particulares. Otra cosa muy importante es aprender a desarrollar la sabiduría y la humildad suficientes para reconocer "el derecho" del otro de hacer, sentir y vivir, siempre y cuando sus actitudes no interfieran en la vida de nosotros de una manera negativa. Por eso, saber crear límites saludables es supremamente necesario, ya que el desprendimiento emocional que genera la separación es doloroso. Esto siempre ocurre debido a lo que generó la unión con el tiempo: la costumbre de haber convivido en familia. Pero la tendencia a evitar este sentimiento de dolor por el rompimiento nos crea la necesidad de permanecer conectados emocionalmente con nuestros exesposos o exesposas y, al pretender seguir como antes, nos volvemos inconscientemente criticones, manipuladores, controladores, obsesivos y en muchos casos extremadamente egoístas.

Si precisamos apoyo, debemos tratar de asumir la actitud de apoyar. Siempre hay que intentar enfocarse en la actitud más solidaria posible con el otro. Esto al principio resulta muy difícil si no hemos sanado nuestras heridas, pero precisamente se convierte en el reto del aprendizaje que nos toca vivir para crecer y trascender como personas y seres humanos. Por eso la ayuda profesional para sanar y desarrollar la parte espiritual es tan importante. Es a través de la voz de un espejo adecuado cuando podemos escuchar primero lo que más nos mueve de nuestras propias actitudes hacia nuestras exparejas. El reconocer nuestras carencias emocionales, mirar nuestros errores, aceptarlos y asumirlos, es el primer acto de responsabilidad con nosotros mismos. La parte más importante pero dolorosa de este proceso es trabajar el desprendimiento emocional para liberarnos y permitir que ellos también se liberen. Así, el día de mañana, tanto ellos como nosotras podamos estar libres de ataduras emocionales, de experiencias pasadas. Por tal motivo, es muy importante enfocarnos en desarrollar con nuestros excónyuges una buena relación de honestidad y, a su vez, la consideración, solidaridad y respeto que ambos merecemos y necesitamos. Con esta actitud madura nuestros hijos saldrán beneficiados y nosotros también.

ocho

Con la estima por el piso

La separación disminuyó mi autoestima. Hubo momentos en los que me sentí vacía y la imagen de las cosas que ocurrían era distorsionada. De alguna manera culpaba a mi exesposo por no haber puesto más de su parte para salvar el matrimonio. Pensaba que nunca me había querido y que estos resultados demostraban que yo tenía algún tipo de problema.

Y sí, para aquel momento hasta cierto punto creo que tenía razón para pensar de esa manera: que mi estima y mi felicidad dependiera de otro ser humano. Pero esta actitud no fue lo más apropiado ni lo más saludable para mí. No se puede responsabilizar a otras personas por nuestra propia infelicidad.

En esa etapa, no estaba capacitada para comprender que cada persona da lo que puede y no da más de lo que tiene. Hay que considerar siempre la otra cara de la moneda.

Mis valores dependían de lo que otros pensaran de mí. Trataba de complacer a los demás pasando por encima de mis propios sentimientos, y sin estar consciente de este comportamiento en realidad estaba siendo deshonesta conmigo misma. Vivía en una hipocresía, en una falsedad, y eso aumentaba mis temores.

Creía que lo normal era sostener el matrimonio a costa de lo que fuera, pues normalmente nos enseñan a preservar la estructura familiar por ser la base de la sociedad. Hasta cierto punto es necesario hacer lo posible por lograrlo, siempre y cuando esto no afecte la integridad personal.

Durante los años que estuve casada sabía desde el fondo de mi corazón que había enormes diferencias entre nosotros. Con el tiempo llegué a la conclusión de que permanecer en un matrimonio donde no había ni unión ni conexión espiritual verdaderas, era peor que tomar la decisión de separarse.

Cuando la pareja tiene profundas diferencias en su forma de pensar, se dificulta la verdadera intimidad. Puede existir un enfoque opuesto sobre la educación de los hijos, creencias religiosas contrarias, una forma particular de manejar los asuntos económicos. Quizás el problema radique en la terquedad e insistencia de ambos queriendo cambiarse el uno al otro. Creer que existe la posibilidad de modificar el carácter, la forma de pensar o de ser de la pareja, y que vivir con esa esperanza durante años aguantando un matrimonio donde claramente se ven las enormes contrariedades no tiene sentido.

Aunque es válida cierta diversidad de pensamiento, es importante buscar soluciones para resolver las diferencias, porque si no se solucionan estas divergencias de opiniones, entonces la tendencia será formar un creciente distanciamiento donde cada vez serán menos los acuerdos que se puedan establecer.

Sin que todo esto deje de ser conveniente, cada parte debe hacer un esfuerzo para conservar la unión, considerando también que todo tiene un límite.

En definitiva, no es prudente esperar a que el matrimonio se deteriore, ni resistir hasta llegar al extremo de perder la consideración y el respeto para entonces tomar la decisión de separarse. Hay que buscar el punto medio; cuando ambas partes se encuentran en el extremo de esa disparidad de pensamientos, cuando a pesar de haber procurado ayuda tanto profesional (consejería de parejas, o consejerías espirituales religiosas) y no se llega a acuerdos factibles, es ahí cuando se puede comenzar a examinar las ventajas y desventajas de permanecer unidos o no. Se inicia entonces la etapa de pensar en las opciones para una separación y considerar que se haga en buenos términos.

En el caso de las parejas que se han casado muy jóvenes o las que tienen muchos años conviviendo juntos, se dan los casos que cada uno empieza a crecer, evolucionando a un ritmo diferente; esto a la larga puede crear distanciamiento.

Una relación puede finalizar haciéndonos sentir que estamos quitándonos un peso de encima: ya sea porque hubo demasiados gritos, insultos, indiferencia y hasta abuso físico o verbal. Vivir esta situación y querer liberarse es muy válido porque la idea no es mantenerse en una relación matrimonial destructiva. El punto de enfoque es buscar todas las herramientas existentes y ponerlas en práctica para lograr que la separación se haga de la manera más saludable posible.

Según la sociedad en que vivimos, un divorcio equivale a un fracaso. He aprendido a no llamarlo así porque para mí ha sido una experiencia de crecimiento. Cada error cometido me ha ayudado a madurar, y he aprendido a ver la vida de una manera diferente.

Dicen que la madurez trae dolor, y es verdad; la inmadurez no permite que veamos las cosas tal cual como son, es estar elevado sobre una nube y no tener los pies en la tierra. Despertar a la realidad es muy triste y la caída puede ser muy dolorosa. Ahora me considero una mujer más madura, pero tuve que pasar por diferentes experiencias que me causaron sufrimiento, y desprenderme de muchas ideas y preceptos muy arraigados para poder ver la luz. Hoy en día sé que soy una mujer más consciente y más libre.

Nosotros tenemos la capacidad de poder prevenir muchas situaciones dolorosas mirando las experiencias de otros, y en definitiva no es necesario repetir una, dos y tres veces los mismos patrones de conducta con la excusa de que necesitamos experimentar para aprender. ¿Cuántas veces hay que repetir lo mismo? Mi madrina siempre me decía: *–aprende a capitalizar tus experiencias,* y es así. Insanidad mental significa hacer lo mismo esperando resultados diferentes.

Experiencia no es lo que te sucede, sino lo que tú haces con lo que te sucede.

En definitiva, lo más importante es buscar a tiempo la ayuda necesaria para salvar el matrimonio. Pero si hay verdaderas razones para finalizarlo, la tarea es procurar, en lo posible, una separación armoniosa por el bien propio y el de nuestros hijos, sin perder de vista la estima que debemos cuidar en nosotras a manera de poder estar bien para ellos.

nueve

La infidelidad

La infidelidad es un tema real y delicado, y como tal, hay que asumirlo. Muchas veces, por no querer cerrar el ciclo con la pareja se toma la opción de este camino. Es fácil encontrar fuera de casa lo que no se tiene en el hogar, pero es también una vana ilusión, algo pasajero. Pretender empezar una relación estando en otra transforma la aventura en el escape de uno mismo. Las consecuencias son dañinas, no sólo para la pareja sino para toda la familia. Es imposible llevar esa doble vida sin que tarde o temprano se descubra, y cuando eso ocurre llega la desilusión. Las consecuencias en su mayoría son irremediables.

Está comprobado que la mejor manera de "prevenir la infidelidad" es primeramente identificar lo que nos está sucediendo interiormente, y al descubrirlo, tener "la valentía" de conversarlo con nuestras parejas, siendo honestos y congruentes con lo que sentimos y con lo que pensamos. Esta adecuada y oportuna comunicación en un alto porcentaje evitaría que se llegue a la infidelidad por alguna de las partes, porque una vez expuesto nuestros verdaderos sentimientos con la presunción de que las cosas se puedan arreglar, podría ayudar a la pareja a tomar acciones preventivas en pro de una "reconexión" amorosa, emocional y espiritual. Una verdadera comunicación, honesta y sincera es el remedio para todos los males, ya sea para continuar en la relación o para separarse de una forma madura y oportuna.

Al que inicia esa comunicación sincera acerca de sus sentimientos con valentía y decisión, le da opción a su pareja para decidir si hace los cambios pertinentes, requeridos y necesarios para que ambos como pareja se beneficien y solucionen sus diferencias, o al contrario: le da la opción de considerar separarse si cree que no hay solución a las mismas. En una relación, si los valores prevalecen por más discrepancias que existan y por más errores que se cometan, siempre se asumirán actitudes de consideración y respeto hacia esa persona que una vez se unió a nosotros para compartir una vida, y que de una manera equivocada o no, entregó su amor y su confianza. *Por eso, lo mínimo que se merece es la oportunidad de escuchar la verdad aunque en algunos casos esta sea una cruda realidad: "que le hemos dejado de amar".*

Esto puede resultar muy difícil, a muchas personas les cuesta ser honestos y comunicarse, optando por adoptar inconscientemente la manera más simple de huir de una realidad.

Lo que la mujer experimenta al sentirse traicionada por una persona en quien ha confiado es algo doloroso y humillante, puesto que se ponen en juego los valores en los que se basa una relación amorosa: la confianza, la sinceridad, la solidaridad y el respeto. Sin embargo, la infidelidad es el mal común de nuestros días: cuántas mujeres hoy por hoy siguen permitiendo que sus maridos les sean infieles y terminan aceptando esa situación por miedo a quedarse solas. Es lamentable mirar la cantidad de casos de mujeres que aceptan y permanecen en esas relaciones tan dañinas para su salud mental y emocional, tanto para ellas como también para sus hijos. El ejemplo que les estamos transmitiendo es muy importante para su formación moral. El hecho de que ellos perciban o se den cuenta de que existe infidelidad por alguna de las partes es triste para ellos, y en el futuro repetirán ese patrón de conducta disfuncional. Inculcar a los hijos el respeto y la lealtad hacia las personas es lo que siempre debe prevalecer, pero no solo instruir con palabras, sino también con acciones.

Evidentemente no es fácil tomar decisiones importantes de la noche a la mañana, menos en una situación tan delicada como la de enfrentar y asumir la infidelidad. El exponer o declarar la infidelidad a la pareja en muchos casos es "contraproducente" y para nada recomendable. Abrirse a una sinceridad y a un hecho tan devastador para la persona que la sufre, en lugar de solucionar las diferencias, las pudiera empeorar. Para procesar la culpa que genera esta aventura lo más adecuado es buscar orientación y ayuda profesional, porque cada caso es individual y no sabemos a ciencia cierta cómo puede ser la reacción de la persona que enfrente un hecho como este. Hechos que hasta en algunos casos han provocado acciones drásticas y dramáticas debido al dolor y resentimiento desencadenando la ira. Acciones de venganza, que en su mayoría son tristemente irreparables.

Pensar en una separación a raíz de esta clase de conflicto presenta sus dificultades, sobre todo si es un matrimonio con hijos y de muchos años de convivencia; por eso que es tan **recomendable e importante** consultar con personas profesionales especializadas en parejas o en familias. Buscar orientación es clave para solucionar estos problemas específicos de una manera madura y saludable.

Cuando la mujer es la infiel.

En algunos casos muchas mujeres cometen adulterio por venganza y resentimiento por sentirse dolidas al haber sido víctimas de infidelidad por sus parejas. En otros casos viene de su vulnerabilidad y se convierte en una tendencia más fuerte cuando hay dudas e infelicidad en el matrimonio, o cuando es palpable el abandono emocional por parte del esposo. Así surge fácilmente la tentación de ser infiel, buscando llenar la carencia de cariño, afecto y atención. Para la mujer, los comienzos de estas aventuras se convierten en algo adictivo, porque es algo nuevo, diferente.

Superficial y momentáneamente estos hombres amantes llenan el vacío interno en ellas, pero este estado de carencia emocional es imposible de llenar de esta manera, ya que, al final de todo, ese "vacío" se profundiza más.

Mientras se está viviendo la aventura, la conciencia se nubla, se desvanece. El instinto sexual es muy poderoso, sobre todo para la mujer porque los enganches con el hombre son tanto físicos como emocionales. Como siempre hay excepciones, existen mujeres que pueden conservar su frialdad sabiendo controlar sus emociones sin involucrarse sentimentalmente en este tipo de relaciones extramaritales.

Lo ideal para escapar de la tentación en esa etapa de vulnerabilidad es no exponerse, evitar por un tiempo la salida con amigas solteras e ir, por ejemplo, a bares, porque es así como se empiezan a alborotar las ideas. En esos momentos de vulnerabilidad y fragilidad emocional, los sentimientos están a flor de piel y podemos caer en la provocación con un simple piropo o guiño de ojos.

Independientemente de que no se descubra la infidelidad, si la persona comprometida en la falta tiene algo de conciencia, sufrirá de increíbles sentimientos de culpa, mucho más si es el caso de la mujer/madre. Esto impide el desarrollo integral del grupo familiar; de ahí que sea tan importante tratarlo cuanto antes con algún profesional hasta conseguir la liberación y el perdón que en ese momento tanto se anhela.

En fin, hay muchos motivos que pueden llevar tanto al hombre como a la mujer a ser infieles: ya sea porque se sienten desvalorizados en la relación, por monotonía, por buscar nuevas sensaciones, por una vida sexual deficiente. En ciertos casos puede pasar que alguna de las partes tenga una subconsciente *dependencia emocional de los padres* y no establezca límites respecto a esta pauta de carencia afectiva albergada en esa parte oculta de su mente. Esta conducta inapropiada e inmadura hace sentir sin apoyo a su pareja e insatisfecha al necesitar ser escuchados y atendidos y no ser suficientemente correspondidos, lo que de manera instintiva impulsa a buscar una relación extramarital.

¿Se puede recuperar un matrimonio *en el cual una de las partes experimentó la infidelidad?*

La pretensión de continuar en una relación donde ha habido infidelidad sin acudir a terapia de pareja y creer posible la convivencia saludable en la familia, es realmente ilógico. Se requiere de suficiente tiempo de terapia para superar el dolor y el resentimiento que un evento así genera. Se han dado algunos casos de matrimonios que se han recuperado al decidir buscar ayuda profesional, pero cada caso es individual y depende mucho de cómo hayan sucedido las cosas. Generalmente se asume que la persona infiel es la única culpable. Sin embargo, la infidelidad en "algunos casos" es el resultado de una crisis de ambos, pues quien es infiel lo hace porque busca en otra persona cuestiones sexuales, emocionales o intelectuales que la pareja no le satisface.

La infidelidad no sucede espontáneamente, siempre hay motivos que la provocan. La lista de razones es interminable y especialistas en terapia de pareja coinciden en que en todas se intenta satisfacer carencias específicas y emocionales en la relación.

Es un hecho que la infidelidad no puede ser justificada, pero sí puede ser entendida, cuando se concientiza que la causa de muchas personas que la sufren es justamente por la falta de información y de orientación para saber cómo prevenirla.

Existen muchas causas que ocasionan la infidelidad. A continuación cito algunas de ellas que extraje de la webhttp://www.amor. com.mx/las_causas_de_la_infidelidad.htm. Las nueve más comunes son:

La infancia: la manera en cómo se vivió esta etapa primordial del ser humano, determina las formas de conducta de la familia y la persona en la edad adulta. Por lo tanto una persona que de niño fue desatendido, extremadamente sobreprotegido, inseguro, proveniente de una familia disfuncional, o en donde no hay la promoción de valores y principios, es más probable que en el futuro le sea infiel a su pareja.

Vacío: la soledad, el aislamiento, la desesperanza o una depresión sin explicación, provocan inestabilidad en los matrimonios. Cuando aparece ese sentimiento de vacío en una de las partes, la persona tiende a seguir buscando a su "pareja ideal", y aunque no sabe lo que realmente quiere, es infiel.

La elección de la propia pareja: con el tiempo alguno puede darse cuenta de que no son compatibles. Durante un tiempo pueden intentar sobrellevar la situación, pero después se hace imposible.

Búsqueda de nuevas experiencias: esto normalmente les sucede a personas que se han casado muy jóvenes y no han tenido suficientes relaciones o experiencias con otras personas.

El sentimiento de menosprecio o indiferencia: cuando la pareja entra en la fase del verdadero proceso de la cotidianidad y sus comportamientos defraudan las expectativas del otro, empieza un abandono mutuo, centrándose cada uno en sus objetivos personales y no en los de ambos. Si aparece otra persona que los haga sentir más valorados, se elige inconscientemente como nueva compañía.

La vida sexual deficiente: si una de las partes no se siente satisfecho sexualmente tiende a buscar fuera de la relación la satisfacción que no encuentra en su pareja, a pesar de amarla. El que ella o él no satisfagan al otro o no quiera llevar a cabo sus fantasías sexuales, le crea un sentimiento de frustración y enojo llevándolo a buscar una relación extramarital.

Interferencia de la familia (padres): La intervención de los padres en la vida matrimonial de sus hijos, con excesiva dependencia emocional de una de las partes, genera inestabilidad en una relación de pareja. Cuando uno de ellos no establece límites saludables en la relación con sus padres, la parte afectada siente que no es necesaria, ni es la prioridad en la relación, causando la huida o el escape, buscando llenar con otra persona sus propias necesidades.

La monotonía: un matrimonio sumido en la rutina y en el aburrimiento está más vulnerable a que llegue alguien que ofrezca un panorama distinto, lleno de novedades, encantos, riesgos y demás cosas que carece la relación conyugal.

Ya no sienten lo mismo: cuando el enamoramiento que existía en un principio en la pareja se va perdiendo y se vive en el aburrimiento, una de las partes necesita seguir satisfaciendo su necesidad de seguir enamorado, siendo muy común que busque vivir nuevamente ese sentimiento con otra persona.

Programaciones culturales: es cuando el hombre elige como amante a una mujer con valores, actitudes y estilos totalmente opuestos a los de su pareja, ya que con ella es con quien realmente puede llevar a cabo todas sus fantasías sexuales.

Miedo a perder la libertad: cuando la pareja es excesivamente celosa y posesiva, y una de la partes tiene miedo a perder su independencia y libertad quedando atrapados en una relación, intenta sentir esa libertad cometiendo actos de infidelidad.

Por egocentrismo: en la mayoría de los casos esto les sucede más a los hombres que a las mujeres. También llegan a ser infieles cuando por haber obtenido poder, dinero o una posición social, sienten que tienen un mayor potencial sexual con el sexo opuesto.

Cuando la pareja lo permite: cuando ambos saben que la relación va mal y están de acuerdo en que los dos, o a veces uno, tenga relaciones extramaritales, de tal forma que con esta persona puedan satisfacer lo que les hace falta en su relación con su pareja estable.

diez

La soledad como defecto de carácter

La soledad se puede interpretar de dos maneras: la que se siente internamente y la soledad física; es decir, **estar** solo o **sentirse** solo a causa de la ausencia de alguien.

La soledad como sentimiento es un instinto natural, es parte de la naturaleza humana porque somos entes individuales. De hecho, muchas personas están solas por elección y disfrutan muchísimo de su soledad. Estando solos podemos no hacer nada o sentirnos cómodos haciendo lo que nos da placer sin contar con la compañía de ninguna persona: descansar, meditar, ir a una librería, visitar un museo, hacer ejercicios. En fin, realizar cualquier actividad que nos permita disfrutar de lo que nos gusta y de nosotros mismos como individuos. Pero, por el contrario, la soledad como defecto de carácter es un sentimiento negativo de vacío, de sentirse desolado, como aletargado, que proviene de no estar conforme con uno mismo.

En algún momento nosotros lo pudiéramos haber experimentado. Este sentimiento natural se intensifica cuando estamos pasando por un duelo: ya sea la pérdida de un ser querido, un divorcio o separación, o alguna situación de cambio laboral que nos haya impactado en nuestra vida. En fin, son muchas las causas que nos pudieran llevar a sentir ese lado oscuro de la soledad que es un "sentido de no pertenencia". Cuando ese sentimiento natural se convierte en emoción constante y de vacío permanente, entonces deja de ser normal.

La soledad, si no la trabajamos diariamente de una manera espiritual conectándonos con nuestra parte interna, puede convertirse en un problema. Si este sentimiento de vacío permanece mucho tiempo en nosotros, puede desencadenar en depresión, neurosis, etc. Muchas veces esto inconscientemente nos impulsa a buscar por fuera sensaciones que nos ayuden a llenar ese hueco: ya sea trabajar excesivamente, desarrollar el deseo compulsivo de salir constantemente, estar rodeados de personas y amistades sin ser selectivos a la hora de escoger para compartir con ellas. Pero suele suceder que ese vacío se mantiene ahí a pesar de estar realizando actividades placenteras, o inclusive estando acompañados con personas que queremos. Pero, en casos extremos, nos lleva a caer en la adicción a algo o alguien.

Cuando permitimos que este sentimiento nos domine y nos controle a tal punto de buscar desesperadamente compañía por la misma necesidad de sentirnos plenos, estamos cometiendo el más grande de los errores. Más si ese instinto emotivo y natural deja de cumplir su misión normal y se desborda a niveles incontrolables, convirtiéndose en un obstáculo para nuestra vida emocional. Entonces, es en este punto cuando *la soledad* deja de ser natural para convertirse en *defecto de carácter*.

Yo experimenté por mucho tiempo este sentimiento de desolación y tristeza, pero no podía identificar qué era exactamente lo que me pasaba. Tenía un vacío enorme en mi corazón y siempre buscaba estar acompañada sin saber que sentirse de esa forma constantemente era la soledad como defecto de carácter. Eso no me permitía estar en paz, ni tener serenidad.

Fue necesario dedicarme a trabajar muchísimo en mí para eliminar este defecto de carácter. Lo fui logrando con el pasar del tiempo, cuando empecé a enfocarme en mí para activar mi espíritu y lograr conectarme conmigo misma. Hasta que no pude sentirme bien por dentro y aprender a sentir paz estando sola, disfrutando de mis actividades en soledad, me di cuenta de que realmente no estaba preparada para relacionarme bien. No solamente con una pareja, sino también con las personas en general, ya que buscaba en mis amistades, en mis actividades sociales, llenar esos espacios que al final no solucionaban mi problema de fondo: ese sentimiento de vacío existencial llamada soledad.

Los efectos de mi soledad como defecto de carácter

Habían pasado dos años desde mi separación y todavía estaba inmersa en problemas que no me permitían conseguir la independencia económica. Estaba consciente de que era una época difícil, porque soy madre ante todo. Rechacé varias ofertas de trabajo en los que viajaría frecuentemente, y fue muy traumático tener que renunciar a oportunidades profesionalmente importantes. Sacrifiqué muchísimo a cambio de estar presente en la vida de mi hijo.

Bajo estas circunstancias, no me di por vencida. Continué haciendo proyectos, emprendiendo negocios siempre con mucha ilusión y de acuerdo a mi realidad. Pero a pesar de todos mis esfuerzos, dichos proyectos no evolucionaban y mis inversiones se convertían en pérdidas.

Sentía la necesidad de un apoyo: tener una pareja, una compañía, porque realmente era muy grande el vacío de mi corazón. Desear esta compañía era algo natural para mí; me parecía justo y necesario pues ya habían pasado más de dos años y era tiempo suficiente para no seguir así tan sola.

Con frecuencia me repetía que era imposible no vivir en pareja. Cuando me separé sentí que tenía toda una vida por delante, y que aún tengo, pero mi enfoque era erróneo. Aún creía que sin la presencia de un hombre era imposible ser feliz. Con esa manera de pensar, cuando me daba cuenta de que no era tan fácil conseguir a la persona adecuada y sentía un vacío mayor. Cada vez que lo intentaba encontraba aparentes príncipes que luego se convertían en ranas.

La soledad es engañosa. El sentirme tan sola no me permitía ser realista. Era mayor la necesidad de llenar esos vacíos internos que conocer realmente al hombre desde una posición madura, y darme más tiempo para saber quién era. Pero en mi afán de llenar las carencias que tenía, podía más la imagen de la persona que no existía: la que yo creaba. Todo estaba en mi mente por la imperiosa necesidad y exigencia de ser amada y de amar.

Sin embargo, gracias a Dios, no tuve que experimentar mucho más de lo mismo para darme cuenta del error en que estaba incurriendo. Ese estado de soledad me llevó a trabajar mucho mi parte espiritual y también la emocional. Asistí a largas terapias con mi madrina. Ella, siempre sabia y con paciencia infinita, se dedicó a enseñarme que no hay nada en este mundo que pueda llenar esos vacíos: ni lugares, ni personas, ni cosas; sólo Dios puede a través del espíritu.

Aprendí a conocer la soledad y la vislumbraba cuando quería entrar a mi casa. Al principio cuando estaba sola permitía que se quedara conmigo, ahora cuando este sentimiento me viene, la miro por el ojo mágico de mi puerta, pero ya no le permito entrar y quedarse conmigo.

Los poemas son hermosos, las canciones románticas también lo son. Pero, el romanticismo de esas expresiones artísticas que con tanta frecuencia escuchamos se basan en dependencias que alimentan de forma extrema nuestra adicción al amor, sobre todo en momentos de sentimiento de vacío. Podemos disfrutar de ellas, siempre y cuando no distorsionen la realidad ni afecten nuestra vida emocional.

Vivimos en una época de confusión para la mujer. Actualmente atravesamos una etapa donde existe un cambio de mentalidad y actitud tanto para el hombre como para la mujer. Una etapa que va de un machismo extremo a la pérdida de los roles naturales de la mujer en respuesta al machismo: la liberación femenina. Estas dos etapas son extremas, y los extremos no son buenos; pero considero que fue necesario vivir y experimentar esos extremos para saber que no es ni lo uno, ni lo otro. Estoy cada día más convencida de que será en la próxima generación que se llegará a un verdadero balance entre la relación hombre-mujer.

La mujer a pesar de haber alcanzado una posición más favorable en la sociedad no ha logrado liberarse ni emocional, ni psicológicamente del hombre en cuanto a que siente la imperiosa necesidad de tener una relación de pareja, al punto de que muchas de ellas prefieren mantenerse en una relación monótona y aburrida, donde la costumbre es la que prevalece y no el verdadero amor. En otros casos por conveniencia económica, es decir, miserablemente cómodas, prefieren todo lo antes mencionado que optar por tomar la decisión de separase porque esto las llevaría a quedarse solas.

También es muy frecuente la dependencia malsana, que ocurre incluso a pesar de la independencia económica de la mujer, quien aun teniendo una buena posición profesional sigue en una relación enfermiza donde existe abuso físico, psicológico o verbal, por dependencia emocional y miedo a la soledad.

¿Qué es lo que verdaderamente ata a una mujer a este tipo de relación? La gran respuesta es la falta de amor propio, la baja autoestima. Por esta razón es fundamental comprender la importancia de cultivar nuestro crecimiento personal y nuestro mundo espiritual constantemente, mientras nos toca ocuparnos del cuidado de nuestros hijos.

Para mi recuperación, empecé a practicar la humildad, bajar la cabeza y decir en voz alta: "¡Hey! hasta aquí llegaste, más no puedes dar. Los resultados entrégaselos a Dios". Ese fue un momento de aceptación, desde mi corazón comprendí que tengo mis limitaciones, que no soy Dios, que no tengo el poder de cambiar a las personas ni las situaciones. Pero para llegar a admitirlo tuve que pasar por muchos eventos y tocar fondo varias veces hasta reaccionar. Mi ego no me permitía ver lo limitada que podía ser como ser humano. Pero la soledad es una gran maestra, nos enfrenta con nuestro lado más oscuro hasta sentir la profunda necesidad de buscar la luz, y es allí donde al fin terminamos por comprender el significado de la eterna compañía de Dios en nuestro espíritu, y en cada aspecto de nuestra vida. Darme cuenta de esto fue el punto de partida para ir encontrando la luz.

A continuación cito textualmente un párrafo de una excelente descripción, extraída de unos de los libros de Bill Wilson, fundador de AA refiriéndose a las *dependencias emocionales*:

No hay nada más desmoralizador que la dependencia abyecta de otro ser humano. Ésta, a menudo equivale a exigir un grado de protección y de amor que nadie podría satisfacer, así que nuestros esperados protectores huyen, y nos quedamos nuevamente solos, para desarrollarnos o desintegrarnos.

Descubrimos que la mejor fuente posible de estabilidad emocional era el mismo Dios. Vimos que la dependencia de su perfecta justicia, perdón y amor, era saludable y que funcionaría cuando todo lo demás nos fallara.

Bill Wilson, Co-fundador AA Doce pasos y Doce tradiciones.

once

———

Buscando cómo llenar
el vacío de la soledad:
"un clavo no saca otro clavo"

Siempre me he considerado una buena madre. La ropa de mi hijo estaba limpia. En la casa nunca le faltaba su desayuno, ni su almuerzo ni su cena. Estaba pendiente de llevarlo y traerlo del colegio, lo acompañaba a sus clases de música, de Karate, etc. Hacía todo por y para él. Aun así me daba cuenta de que mi esfuerzo no era suficiente. Él empezó a sacar malas notas, los profesores me decían que podía ser un problema de déficit de atención, pues no se enfocaba por mucho tiempo en las tareas o actividades que le asignaban.

Con el tiempo advertí que no era suficiente que yo estuviera tan pendiente, pues aunque día a día compartíamos, no me daba cuenta de lo que para él significaba la separación de sus padres y cómo le había impactado. Era obvia la falta de mi presencia emocional y de mi cariño, porque todo lo hacía como un autómata: realmente me sentía vacía, mi presencia era física, pero no plenamente consciente pues estaba y no estaba. Al sentirme vacía y ausente de mí misma, era lógico que mi entrega no fuese total.

Mientras, mi lucha continuaba en ese interminable encuentro de una respuesta a este sentimiento de soledad, entre sentir que trataba de dar lo mejor que podía; pero esa hiperactividad que había en mí, haciendo miles de cosas a la vez, no era lo más adecuado para mi hijo. Esta es una conducta típica y común en la que los padres podemos caer, sobre todo cuando estamos en la etapa de separación. Vivimos una vida tan estresante, tan agitada, que cuando experimentamos un evento tan doloroso no percibimos los detalles de carencia afectiva que tienen nuestros hijos. Otras veces ocurre que no nos permitimos detenernos ni por un segundo; por miedo a sentir dolor, o por miedo a enfrentar la realidad, necesitamos huir de estos sentimientos y estar en muchas actividades a la vez.

Creía en ese entonces que todas mis actividades y las cosas externas podrían llenar esos vacíos internos, y lo que experimenté fue que mientras más buscaba soluciones afuera de mí, mayor era el vacío que sentía.

Mi hijo se volvía más hiperactivo y sus calificaciones cada vez más bajas. Decidí entonces tomar cartas en el asunto, pero manejaba una dualidad porque al mismo tiempo sentía la necesidad de un escape: quería salir, divertirme con mis amigas.

Con el tiempo concienticé que era importante apartarme de la vida social que me rodeaba; tenía que fortalecerme. La soledad, el vacío y lo vulnerable que estaba, hacían que me convirtiese en una candidata ideal para caer en relaciones poco saludables.

Habían pasado más de dos años desde mi separación, y fue entonces cuando tuve el primer intento de relación. Él vivía en otro estado, algo que era preferible, porque a pesar de esa necesidad de querer tener una pareja, en el fondo de mi corazón no me sentía preparada para iniciar una relación formal; así que pensé que era la persona idónea.

Él venía a verme de vez en cuando, lo cual era perfecto para mí. Pensé que podía manejar la situación a distancia, pero con el tiempo me di cuenta de nuestras grandes diferencias, y sobre todo descubrí que me estaba "enganchando emocionalmente" más de lo normal.

Al principio no lo quise reconocer, pero cuanto más tiempo pasaba, más sentía la pérdida del control sobre mis emociones y eso era una muestra poco saludable y de inmadurez. A pesar de que estaba en terapia con mi madrina, era obvio que todavía no estaba ni emocional, ni espiritualmente preparada para iniciar ningún tipo de relación, y mucho menos una relación saludable, pero ya me había involucrado hasta el fondo.

Se me hizo tremendamente difícil finalizar la relación. Sentía que no podía dejarlo y no precisamente porque estuviese enamorada, sino por la gran necesidad que tenía de llenar ese hueco, ese sentimiento interno de vacío. Era el apego lo que cada día se hacía más fuerte porque tenía muchas carencias y estaba vulnerable. En ciertos momentos sentía que la relación me llenaba, aunque en realidad siempre fue muy superficial, finalmente tomé conciencia y acepté que él no era la persona adecuada para mí. Mientras todo esto sucedía mi energía estaba dividida: lidiaba con una nueva relación sentimental al mismo tiempo que tenía que enfocarme en la salud emocional de mi hijo, por quien, gracias a Dios, fui sensata y no involucré en aquella relación.

Pero a pesar de eso, emocionalmente me sentía perturbada. Estaba alterada, intolerante, no tenía paciencia. Me sentía nuevamente frustrada e insegura, y estas emociones negativas se las estaba transmitiendo inconscientemente a mi hijo.

A raíz de esto, tomé conciencia de algo muy importante que es el punto fundamental que quiero dejar como mensaje a todas las madres divorciadas con este testimonio. Por mi propia experiencia personal tras mi divorcio, y luego como experta *Coach* en dependencias emocionales, he llegado a la conclusión de que la mayoría de las mujeres cuando nos divorciamos somos más vulnerables y lo primero que queremos es encontrar una nueva pareja para llenar el vacío que nos trae muchas veces esa soledad como defecto. Jamás nos detenemos a tomar en cuenta ni prestamos la debida atención a lo más importante, sobre todo si tenemos hijos: "**vivir la etapa de duelo**", asimilar plenamente lo que significa una separación.

Se ha comprobado que el duelo ante este tipo de evento es tan intenso, que los expertos concluyen que la tristeza y la pena son casi idénticas a las que se sienten después de la muerte de un ser querido.

La pérdida de una familia es así de importante y profunda. Pasar por este duelo es muy fuerte, nos enfrenta a situaciones desgastantes. Pero es necesario vivirlo. En primer lugar, esta etapa es la que nos permite drenar toda la emocionalidad negativa y nos prepara para entrar más adecuadamente a la adaptación a la nueva vida tanto de los padres como de los hijos.

En una separación existen factores que a veces no sabemos cómo manejar, y que producen sentimientos muy negativos, como lo son la frustración, el control, el miedo, la ira, el resentimiento, la manipulación, etc. En un "Estudio de Parejas de Divorcio con Hijos", realizado por la Dra. Judith Wallenstein, se reveló que la mitad de las mujeres y una tercera parte de los hombres permanecían intensamente enojados con sus exparejas hasta después de diez años del divorcio.

Muchas de nosotras desestimamos la posibilidad de ayuda, creemos que podemos manejar bien nuestra separación por nuestra cuenta, no aceptamos que nacimos sin la experiencia. Pero la realidad es que no nacemos sabiendo cómo manejar un divorcio, algo que implica múltiples emociones encontradas: el orgullo, la soberbia, la negación o la falta de conciencia. Se junta todo y aun así no nos permitimos buscar apoyo ni orientación. Pensamos que podemos, creemos que somos lo suficientemente inteligentes como para manejarlo todo perfectamente. Y aunque poseamos esa inteligencia, siempre hará falta un buen espejo que nos ayude a observarnos objetivamente para poder salir de esos huecos emocionales, sobre todo de la fase del duelo, que hay que vivir como un proceso de cierre de ciclo.

En mi caso recuerdo que me la pasaba leyendo libros de autoayuda, metafísica, el poder positivo, etc. Y aunque es verdad que hasta cierto punto cumplieron una misión en mi vida y me ayudaron a identificar ciertas cosas, reconozco que las herramientas que realmente necesitaba para salir bien de mi situación las tuve que buscar con ayuda profesional.

También sé que somos muchas las que hemos buscado ayuda profesional, algunas con la mala suerte de conseguir personas poco aptas. Sin ánimos de juzgar ni desmeritar el esfuerzo de nadie, siento que no todos nacieron para ejercer la labor terapéutica, pues para ser psicólogo o *Life Coach*, no sólo hay que estudiar: se requiere tener un don. El don de la intuición, el discernimiento y la paciencia para poder ejercer esta carrera. Hay que tener vocación, y eso no se hereda ni se consigue sólo con estudios. Con la vocación se nace, eso viene del espíritu y de la conexión con Dios. Por eso también tenemos que estar muy alertas a la hora de escoger al profesional que nos apoye en este proceso de separación y duelo. Yo pienso que además de buscar un profesional bien formado, también es importante tomar en cuenta que sea un terapeuta con quien sintamos una verdadera conexión con su don de ayudar, guiar, orientar y apoyar.

Asimismo pienso que no todas las maestras de niños nacieron para serlo y sin embargo nuestra sociedad está plagada de docentes sin ninguna motivación. Recomiendo encomendarnos a Dios para que nos guíe en caso de requerir apoyo profesional, y pedirle que ponga en nuestro camino a las personas adecuadas.

Quiero llegarle al corazón de las mujeres que por uno u otro motivo no han tenido la oportunidad de seguir en terapia, o no han querido aceptar las buenas sugerencias de profesionales calificados. Pueden ser muchas las razones, quizás porque no estaban preparadas para recibir el mensaje o porque no tenían el dinero suficiente para continuar las terapias.

Sea cual fuere el motivo, me gustaría recomendar a todas esas mujeres que todavía están a tiempo de pedir ayuda que lo consideren bien porque es significativa la diferencia, sobre todo el hecho de que podamos aprender a manejar el duelo de la separación, el divorcio y el sentimiento de soledad de una manera madura.

Llenar el vacío de la soledad luego de una separación no se logra buscando otra pareja, sino, por el contrario, asumiendo la responsabilidad con uno mismo para reconocer que hace falta buscar la ayuda adecuada para procesar ese vacío natural por el dolor de la pérdida.

doce

Las malas compañías
y los consejos equivocados

Me viene a la memoria esa época en la que yo estaba apenas lidiando con mi matrimonio, y por la necesidad de hablar, de desahogarme, caí en esa situación que normalmente a nosotras las mujeres nos pasa: les contamos nuestros problemas a personas con buenas intenciones de ayudar, pero que muchas veces ni siquiera tienen sus propias vidas en orden y terminan dándonos consejos equivocados. Al estar vulnerables, en muchos casos terminamos cometiendo el error de seguir esos consejos que no son los más adecuados, aunque provengan de la buena voluntad.

Antes de mi separación y de conseguir ayuda profesional empecé a frecuentar a personas emocionalmente inmaduras y superficiales. Realmente no me daba cuenta de que estas amistades no aportaban nada positivo. Muchas de ellas provenientes de familias disfuncionales y de valores de vida muy distorsionados solo pensaban en divertirse, en pasar el tiempo en un café, en el chisme y la crítica. Muchas de ellas estaban a punto de separarse o recién separadas y su máxima obsesión era conseguir un nuevo novio.

Una gran parte de ellas, en su manía de lucir bien se enfocaban sólo en el aspecto físico con la "única finalidad" de conservar la figura para ir a la conquista de otra pareja, o para seguir aparentando en una relación superficial con el marido. Con respecto a este punto, personalmente creo que es bueno tener una alimentación saludable, hacer ejercicios, sobre todo si eso contribuye a que nos sintamos mejor; pero todo a su justa medida, sin caer en extremos. Hay que estar en equilibrio, sin que esto se convierta en una obsesión.

Al pasar el tiempo y por conversaciones terapéuticas con mi madrina, me fui dando cuenta de que ese tipo de ambiente no me ayudaba y era poco conveniente por el estado vulnerable en el que me encontraba. Solamente alimentaba mi ego creando un vacío más profundo y aumentando mi sentimiento de soledad. También comprendí que una conducta alterada se origina cuando existe un vacío espiritual.

Entendí más tarde, por el estado de susceptibilidad en que me encontraba, que era imperiosa para mí la recuperación emocional. Convenía alejarme de ciertos lugares, personas y cosas. Fue una etapa dura porque me fui quedando sola y con una profunda tristeza. Aun así, tomar la determinación de apartarme fue una de las más difíciles pero la más acertada decisión que he tomado en el transcurso de mi vida.

También me alejé por un tiempo de la familia. Ellos no podían entender mi decisión de separarme. La imagen que tenían de mi esposo era bastante superficial y eso no les permitía ver la realidad. Mi exesposo es una persona educada, detallista y lo que mi familia podía ver era sólo eso, pero no percibían las diferencias abismales que existían entre él y yo.

Siempre le pedí a Dios que me diera valor y fortaleza para continuar el camino que había decidido seguir. Lo único que quería era tener paz en mi corazón. Quería dejar de sentir esos vacíos, quería encontrarme bien conmigo misma dentro de mi propia piel, pero para lograrlo era necesario apartarme de ambientes negativos y superficiales. Espacios que no ayudaban en nada a mi vida espiritual porque me impedían escuchar a fondo mi verdadera esencia y mi voz interior.

Aceptar mi nueva situación me costó tiempo. A ratos sentía que vivir de esa manera no tenía lógica alguna. Siempre fui una persona sociable, amistosa y verme apartada del mundo que antes me rodeaba era como quedarme sin piso. Pero la verdad es que aunque estemos rodeados de gente podemos sentir vacío. Eso significa que el sentimiento de soledad negativa es interno, y llenar ese vacío implica hacer contacto con las emociones y el espíritu, lo cual requiere un profundo trabajo de introspección.

Finalmente decidí sostenerme a Dios con fuerza y con Él por fin poder seguir ese camino. Al renunciar a ese mundo, con el tiempo fui sintiendo que empecé "literalmente" a recuperar mi energía. Mi negatividad en la manera de mirar la vida fue disminuyendo y empecé a sentirla de una manera más positiva. Poco a poco pude manejar mi entorno social de una perspectiva diferente, inclusive compartiendo con algunas de aquellas personas disfuncionales y conflictivas. Aprendí a manejar más adecuadamente mi actitud: siempre tratando de no inmiscuirme en la vida personal de ninguna de ellas, salvaguardando mi energía y siempre poniendo mis límites. Hoy en día soy mucho más asertiva y selectiva eligiendo a mis amistades.

Por eso doy fe y testimonio de que Dios nunca me abandonó durante esa época tan difícil para mí. Puso en mi camino el gran apoyo humano y terapéutico que recibí de mi madrina. Tener a una persona de confianza que tenga paz interior y sabiduría, que nos guíe adecuadamente y que tenga la capacidad de comprender sin criticar es un privilegio. Realmente es prioritario saber salirse de ciertos entornos y relaciones para reciclarse y darse tiempo; mientras que también es primordial saber buscar "una buena compañía y los consejos más asertivos".

trece

Asumiendo mi parte de responsabilidad

Yo creía firmemente que mi matrimonio duraría para toda la vida sin pensar que nada lo tenemos seguro. No me di cuenta de que el dejar todo en mi país, mi profesión, mis sueños e ilusiones para casarme, me traería tanta frustración y tanta tristeza.

A pesar de que sí sentí ilusión por el padre de mi hijo, mi embarazo adelantó totalmente mis planes. Con el tiempo inconscientemente le transmití a mi exmarido una carga adicional, porque le hacía responsable de una manera indirecta y resentida el haber tenido que renunciar a mi trabajo y a un cambio de país. Inconscientemente lo hacía sentirse culpable por lo infeliz que me sentía.

El quedarme sin la sensación de libertad que me proporcionaba mi trabajo produjo en mí una depresión profunda, pues me convertí completamente dependiente de él. Pedirle dinero para todo resultaba frustrante. Aunque sus intenciones eran buenas, se convirtió en algo cotidiano y muy incómodo. Emocionalmente me sentía devastada, mis alas habían sido cortadas, permanecía atrapada en un destino en el cual no quería vivir ni aceptar.

Mi sueño de pareja era totalmente diferente. Creía en el compartir y aportar para ambos, manejando el dinero en equipo sin importar las condiciones de trabajo; y al ser parte de la familia, la madre, la esposa, me daría esa libre opción. Para mí el concepto de tener una pareja es "cada quien con lo suyo" pero nos unimos para "compartir" lo que tenemos. Porque no se trata de perder la identidad al relacionarse, es necesario preservar la individualidad como algo saludable para los dos y para el compromiso. Vivir en una sociedad machista donde el hombre está condicionado a utilizar el dinero para controlar a la mujer es lo que muchas mujeres vivimos a diario. A pesar de que tenía la capacidad de dar lo mejor de mí, al ser un personaje nuevo en la familia no sabía cómo hacerme valer para tomar parte en las decisiones en común.

Lo que ocurrió fue diferente. Estuve excluida de cualquier decisión económica familiar, me sentía atada de pies y manos y cada día esa sensación aumentaba junto con mi inseguridad y mis miedos, acentuado todo por mi embarazo y por vivir en un país extraño. Había perdido mi poder. Cuando esto sucede, sin darnos cuenta permitimos que ellos vayan tomando el control de nuestra vida y a larga la convivencia se convierte en una lucha de poderes que rara vez finaliza con éxito.

Con el tiempo me di cuenta de que la falta de madurez y de conocerme más a mí misma era lo que no permitía responsabilizarme de mí misma, de mis elecciones, acciones y de mis propias decisiones. Por ello mi tendencia a responsabilizar y culpar siempre a los demás de mi propia infelicidad. Realmente me sentía una víctima.

Descubrí que parte de mi manera de hacer las cosas, provenían de modelos arraigados, de la manera de haber sido educada, de sentirme presionada inconscientemente por la necesidad de permanecer en mi matrimonio a como diera lugar.

Una de las cosas que siempre rechacé de mis padres fue que permanecieron casados para continuar la tradición de la unión familiar. Mi mamá jamás tuvo la oportunidad de estudiar en la universidad, porque la habían educado sólo para ser madre y tener una familia, y a mi padre le enseñaron a ser un buen proveedor. Pero tenían diferencias profundas, y sin embargo todavía hoy permanecen juntos. Vivieron situaciones que yo personalmente nunca hubiera podido aceptar. Les tengo respeto porque son producto de una educación donde se piensa y se actúa desde el arraigo, y así es como ellos saben manejarse. Pero esos modelos siempre nos marcan de alguna manera al formar un sistema de creencias que pautan nuestras decisiones posteriores.

En mis sesiones como *Life Coach*, siempre sugiero a las mujeres, solteras o recién divorciadas, que antes de involucrarse con un hombre, es esencial que se tomen el tiempo adecuado para conocerse bien a sí mismas y también a la persona con la que quieren compartir. Preguntar y saber escuchar. Porque en la mayoría de los casos la atracción física predomina impidiendo ver al hombre y la situación tal como es.

Lo positivo de tomar ese tiempo para descubrirse y descubrir a la pareja implicará un riesgo menor a la hora de involucrar la emoción o el sentimiento. Les permitirá observar si tienen cosas significativas en común, o dar marcha atrás antes de la siguiente fase, retroceder cuando se dan cuenta de que no es la persona idónea o si sus reacciones y su carácter muestran cualquier tipo de disfunción: neurosis, bipolaridad, codependencia, las cuales seguramente van a manifestarse a medida que pase el tiempo. Todo esto siempre pone en juego la felicidad, incluso la de los hijos. Y, aunque las diferencias en muchas ocasiones pueden ser pequeñas al principio, hay que tenerlas en cuenta pues, en general, más adelante pueden tornarse insoportables. Por eso es importante asumir la responsabilidad de conocernos bien a nosotros mismos por sobre todas las cosas.

A medida que el tiempo ha pasado he ido descubriendo que mi vida es como una larga aventura compuesta sólo de crecer y madurar.

Cuando inicié la relación con mi esposo mis ideas no estaban definidas, no sabía lo que quería. Hoy lo sé, con los años he hecho conciencia de mí misma, fui descubriendo mi verdadera identidad, mi personalidad, mis virtudes y defectos. Esto me ha ayudado y me sigue ayudando a ser más responsable de mí y de mis propias decisiones a la hora de elegir a las personas adecuadas, así como me sirve enormemente para descubrir en ellas lo que puedan tener en común conmigo y con quienes yo pueda compartir. Por ejemplo, mi naturaleza es ser una persona organizada. Planifico el tiempo anticipadamente porque no me gusta hacer las cosas a última hora; no puedo pretender que todas las personas actúen como yo, pero sí puedo elegir a la persona que comparta conmigo y que posea características similares o compatibles. Al principio pensé que esto no era tan importante, pero con la experiencia me he convencido de que para mí es imposible convivir con una persona desorganizada o improvisada. El orden y la planificación son para mí tanto una disciplina como un valor de vida, de otro modo se afecta mi vida personal y profesional; aun así esto no significa que soy incapaz de ceder ante eventos imprevistos. Lo más importante es que he aprendido a fluir desde mi propio poder interior.

En mi experiencia como *Life Coach* conocí el caso de Clara, quien se desempeñaba en una multinacional como secretaria del presidente de la compañía. El dinamismo que Clara posee y su manera impecable de trabajar la hacen digna de admiración. Sin embargo, su jefe era desorganizado. Clara se encargaba a la perfección de absolutamente todo y a pesar del desorden de su jefe, ella tenía la habilidad de manejar las situaciones con una gran inteligencia. Verla me dejaba sin palabras. En una oportunidad le pregunté si eso la afectaba de alguna forma y su respuesta fue muy simple: "Nací para esto, para organizar". Clara es competente, ese es su rasgo de personalidad, aunque no todas las secretarias son como ella. Pero la clave en su actitud es que ella está "clara" de su don y de su propósito de vida, lo cual le da una gran capacidad para lidiar con las diferencias y las incompatibilidades con su jefe. Asume su responsabilidad con su trabajo sin que le afecte más de lo necesario, porque su responsabilidad primero parte de la base de reconocer lo que la identifica como individuo: saber realmente quién es, cómo es y para qué está en este mundo.

Cuando nos damos a la tarea de descubrir y conocer quiénes somos nos volvemos asertivos, y a la hora de elegir una pareja o buscar un empleo, estamos claros de cuáles son los límites y qué potencialidades poseemos para desempeñar un papel positivo. Al asumir la responsabilidad de conocernos bien podemos identificar lo que nos hace compatibles o incompatibles con los demás y esto es muy importante para tomar decisiones a la hora de relacionarnos.

He tratado a personas que son como yo. Cuando compartieron sus vidas con gente que no iba de acuerdo a ellas, porque tenían distinto carácter o diferencia de compatibilidades, la relación se convirtió en un caos. Tarde o temprano las diferencias se hacen sentir. Es como una olla a presión: se va consintiendo, cediendo, resistiendo a situaciones y problemas que en el fondo afectan, y no se puede vivir bajo tensión y ser al mismo tiempo feliz.

Esto no quiere decir que seamos buenos o malos, esto significa que cada quien está definido por su identidad particular como individuo de acuerdo a su esencia, mentalidad, carácter y personalidad; tanto por sus características innatas como por las que ha ido forjando con el aprendizaje desde su infancia y luego a lo largo de su vida. "Ser individuo" es ser una entidad única llena de múltiples complejidades que nos llevan a asumir las cosas de acuerdo a lo que somos. Por eso hay que saber reconocer las diferencias determinadas por la individualidad como algo natural para luego poder relacionarnos más asertivamente. Tener conciencia de nuestras características como individuos es hacernos responsables de nosotros mismos. Esto nos da la capacidad de saber qué es lo que realmente queremos, y nos motiva. En consecuencia, sabremos hasta qué punto nos podemos permitir resistir y negociar con las diferencias naturales del otro ser con quien nos relacionamos. Pero sobre todo, nos da la capacidad de aceptación y respeto. Lo que es importante para mí, no necesariamente tiene que ser igual de importante para los demás. Desarrollar la sabiduría para comprender esto, es vital para poder fluir sin castrarnos a nosotros mismos ni culpar a la pareja por nuestra propia infelicidad.

La tendencia de los seres humanos es criticar simplemente por el hecho de ser distintos, y de no aceptar nuestras respectivas diferencias. Quizás no deba o no quiera compartir esa variedad pero sí tengo que "aceptar que existen".

El ser humano posee una ilimitada diversidad de características y pautas de comportamiento, así como también tiene cualidades y dones que se definen especialmente como parte de sus potencialidades. Existen personas que administran muy bien su dinero, hay otras que no saben cómo hacerlo y requieren de alguien que les ayude a administrarse. Es relativo y es muy simple de comprender. No todo el mundo puede ser doctor, no todos pueden ser abogados, no todos pueden ser asistentes. Cada quien nació con sus dones y cualidades especiales, por eso venimos a este mundo con un propósito y es una responsabilidad con nosotros mismos descubrirlo. En realidad, la base de las relaciones para dirimir las diferencias naturales es saber que nos unimos para apoyarnos sobre la base del potencial individual de cada quien. Enfocarse en los dones del otro y compartir nuestros dones y habilidades innatas, es complementarse para convertir las diferencias en oportunidades. Por eso "el reconocimiento": reconocer las cualidades esenciales y la individualidad de nuestra pareja es de gran ayuda para saber manejar con madurez las diferencias que nos disgustan.

Es cierto que los defectos que nos llevan a cometer errores son parte natural de nuestra humanidad, pero la autoaceptación de los mismos es el paso primordial para poder desarrollar una relación sana con nuestra individualidad y luego con la pareja y los demás seres que nos rodean. Los errores son lecciones para aprender a reinventarnos y continuar creciendo como seres conscientes, por eso que es necesario identificarlos primero para poder trabajar en ellos y corregirlos, sobre todo cuando son defectos que implican daño a terceros. Con mayor razón con el tiempo se demuestra que esos mismos defectos han destruido excelentes relaciones. Ahí es importante tomar conciencia y hacer un breve recorrido por la vida, analizando de manera objetiva cuánto daño está ocasionando esa imperfección, y trabajar para cambiarla: esto denota humildad, madurez y también responsabilidad.

En conclusión, lo importante es tener bien consciente el concepto de la "responsabilidad" para poder crear relaciones sanas. Asumirla comienza con uno mismo: re-conociendo nuestra individualidad con toda la totalidad de componentes que nos identifican. Sólo sabiendo claramente quiénes somos, qué queremos y cómo lo queremos, es que podemos entrar de verdad en una relación sin cortar nuestra propia libertad y sin responsabilizar a otros de nuestra felicidad o infelicidad.

catorce

El riesgo de crear falsas expectativas

Uno de los errores que a menudo escucho que se cometen (y me incluyo yo en mis tiempos pasados), es crearnos falsas expectativas sobre los demás. Muchas veces lo que sucede es que siempre estamos esperando que las personas actúen, piensen o reaccionen como nosotros pretendemos que debe ser. Nos pasa con frecuencia con nuestra pareja, a veces nuestras expectativas son tan altas que esta situación no nos permite "ser realistas". Es decir, percibir lo que realmente *es*, piensa o desea la persona que está con nosotros. Nuestro nivel de exigencia es tan poco objetivo, que muchas veces rayamos en lo inmaduro.

Crear expectativas es una inclinación natural del ser humano, sobre todo habiendo trabajado y luchado para obtener un resultado positivo en nuestra relación. Pero sobrepasarnos "esperando demasiado del otro" es realmente contraproducente. Llegado a este punto es cuando debemos tomar cuidado y ser más analíticos y objetivos para ser capaces de enfocar la realidad tal como es.

Es muy común escuchar a muchas mujeres que estando en una relación no encuentran suficientes intereses en común como para afianzarla. Contradictoriamente, la mayoría de las mujeres cuando se encuentran en este tipo de relación permanecen en ella, con la esperanza de que la persona cambie por el solo hecho de "creer" que con su amor, cariño y detalle lograrán cambios importantes en esa persona. He aquí el gran error.

Cada ser humano tiene una historia que contar de acuerdo a su experiencia existencial: una cultura, una educación, una manera de vivir en función a su propia escala de valores. Es decir, cada quien está definido por su propia individualidad, con sus creencias, emociones y sentimientos que determinan su actitud, basada en el orden de prioridades personales a la hora de motivarse y actuar. Llegar a la vida de alguien y "pretender" cambiarla es tremendamente egoísta, aunque "pensemos que lo hacemos por su bien". Esto en ciertos casos pudiera ser sincero si nos remitimos solo y exclusivamente a dar alguna sugerencia o algún consejo desde la conciencia, libres de la coerción; pero permanecer en una relación a sabiendas de que no hay señales de que la persona quiera cambiar, indirectamente estamos imponiendo y forzando una situación que tarde que temprano no va a funcionar. Es fácil detectar el egoísmo cuando nos damos cuenta de que lo que queremos es modificar a la persona de modo que llene nuestras propias necesidades.

Los auténticos cambios suceden exclusivamente si la persona toma conciencia de que debe realizarlos porque ciertas actitudes afectan su vida. Pero eso solo se puede lograr siempre y cuando la propia persona esté dispuesta a cambiar por sí misma, no por nadie más.

Cuando yo estuve en mi proceso de separación, me fue muy difícil aceptar que no tenía el poder ni el control para cambiar a mi exesposo en sus ideas y actitudes con respecto a la forma de educar a nuestro hijo.

Aunque yo nunca compartí su manera de pensar, con el tiempo tuve que aceptarlo tal cual es, a pesar de que en ocasiones eso realmente me afectaba. Puse mucho de mi parte y traté de ser lo más realista posible para no seguir creando falsas expectativas imaginando que algún día él iba a cambiar. A raíz de eso, tomé conciencia de que asumir mi propio cambio de actitud era la mejor salida que tenía. Eso me ayudó muchísimo a llevarme mejor con él. En lo posible trataba de no entrar en conversaciones que podían convertirse en discusiones.

No fue fácil y pasó mucho tiempo para que yo lograra realizar estos cambios en mí misma, pero finalmente lo conseguí.

En conclusión: liberarse de las expectativas siendo objetivos y dejar la emotividad a un lado es ser realistas. Es importante usar el sentido común reconociendo que pensar diferente es un derecho. Esto ayuda a prevenir desilusiones y evita sufrimientos.

quince

La relación con mi hijo fue evolucionando con el tiempo

En un principio me costó aprender a relacionarme con mi hijo en la etapa de mi separación. A medida que pasaba el tiempo las cosas fueron mejorando y cambiando, pero durante algunos años me tocó superar muchas cosas con él.

El día que su padre y yo le comunicamos a nuestro hijo que nos íbamos a separar, él tenía 7 años. Recuerdo su carita de tristeza y cómo la noticia le impactó en el momento. Entonces me esmeré en comunicarle y hacer que entendiera que la separación fue una decisión mutua entre su papá y yo. Siempre le dije con mucha claridad, honestidad y determinación que él nada tuvo que ver, pero que fue necesario tomar esta decisión por el bien de la familia, y que era la mejor opción.

A pesar de que su padre y yo decidimos vivir cerca y él podía verlo siempre, el cambio se hizo evidente.

En muchos de los casos, los hijos de padres divorciados empiezan a percibir las diferencias de una casa con la otra. Generalmente la mayor parte de la responsabilidad le toca a la madre, más cuando el padre es el proveedor y tiene muchos compromisos profesionales. Actualmente las cosas están cambiando y muchas mujeres divorciadas están ejerciendo su profesión al igual que sus exesposos. Ya se ven muchos casos donde ambos padres tienen la custodia compartida: mitad de semana están con la madre y la otra mitad con el padre, puesto que ambos aportan la misma cantidad de dinero. Pero en el caso de que le toque a la madre asumir la mayor parte de responsabilidad de los hijos, no le es fácil lidiar con ellos y también con su profesión. Implica mucha organización y capacidad de coordinación. Más difícil es para los niños adaptarse a dos casas donde generalmente el orden y la disciplina, en la mayoría de los casos, es de una acentuada diferencia.

Si no trabajamos la culpabilidad por el hecho de habernos separado, esto genera en nuestros hijos un descontrol emocional bastante notable: en ciertas ocasiones empiezan a manipular de forma inconsciente la situación y tomar ventaja sobre esta.

En mi caso se activó mi culpabilidad por el hecho de haberme separado y no poder garantizarle a mi hijo un verdadero hogar. A raíz de ese estado emocional, buscaba redimirme de manera inconsciente y empecé a permitirle cierto desorden en su vida. No le ponía disciplina a sus horarios en la computadora o la televisión, me daba lástima tener que regañarlo cuando era necesario o al momento preciso de ponerle límites saludables. Me sentía culpable, toda aquella situación me causaba estrés, y a veces tanto mi cansancio físico como mental afectaban mi capacidad de determinar verdaderas pautas de organización y disciplina. Muchas veces me hacía la tonta sabiendo que él no había terminado de hacer sus deberes escolares o de cumplir con sus responsabilidades en la casa. Por cansancio, desidia, o pereza, dejaba que sucedieran estas cosas sin yo darme cuenta de que quien salía más afectado por esta situación era mi propio hijo. A la larga yo también pues esto me generaba doble trabajo. Tuve que adaptarme a mi nueva vida de mujer sola con un hijo, aprendiendo a desarrollar la disciplina y la organización en simultáneo para ambos.

Por decirlo de alguna manera: tuve que reeducarme a mí misma al mismo tiempo que me tocaba educarlo a él. No fue fácil para mí porque estaba lidiando con mi separación y a la vez tratando de enfocarme a nivel profesional. Por cosas de la vida invertí parte de mi tiempo y dinero en varios negocios de los cuales ninguno tuvo éxito, y esto se sumó a la presión de estar pendiente de la educación y orientación de mi hijo, causándome tales niveles de ansiedad y estrés, que si yo no hubiera tenido el apoyo moral y psicológico de mi madrina, yo no sé cómo hubiera resuelto las cosas de forma positiva y adecuada.

Esta situación me generaba mal humor. Apenas estaba procesando y aceptando lentamente lo duro de mi nueva realidad.

Muchas veces ocurría que cuando mi hijo regresaba de pasar un fin de semana con su papá, llegaba muy hiperactivo debido al cambio que también él experimentaba en su vida. Las reglas en casa de su papá siempre han sido totalmente diferentes a las mías. A mi hijo le ha tocado aprender a adaptarse a dos casas con estilos diferentes y lidiar con esta situación, y esto en su momento generó sus consecuencias.

Ya de por sí para un niño es difícil el proceso de cambio: también sufre el duelo por la ruptura de la estructura familiar que fue su base. Si a esta situación se le suma la incongruencia de unos padres que no se ponen de acuerdo con respecto a su educación, la carga para él es mucho mayor. Por eso es de vital importancia que los padres conciban conscientemente lo que significa la responsabilidad de establecer acuerdos con pautas comunes para educar a sus hijos tras la separación. La incongruencia y el doble mensaje genera en el niño mucha ansiedad, inestabilidad e inseguridad en sí mismo porque no termina de definir qué es lo mejor para él.

Debido a la situación, en muchos casos empiezan a desarrollar el arte de la manipulación, y si uno no los corrige a tiempo, esto les afecta en su vida de adultos. Generalmente nuestra tendencia es pensar que ellos nacieron así, manipuladores, y ese es un gran error, pues no asumimos nuestro verdadero rol, que es moldearlos con correcta orientación y formación. Pero para lograrlo los padres debemos desarrollar la estructura y la congruencia de su educación en mutuo acuerdo.

Mi situación fue difícil porque, a pesar de mi lucha, no lograba llegar a un acuerdo con el padre para que determinara el mismo sistema de reglas y pautas que nuestro hijo pudiese encontrar tanto en la casa de él como en la mía. Lo ideal hubiera sido que el niño hubiese podido conectar una "estructura común de normas", a pesar de estar en espacios diferentes, pero no fue así. Por tal motivo tuve que trabajar directamente con mi hijo y ofrecerle herramientas saludables para que aprendiera a adaptarse y a lidiar madura y positivamente con esa situación. Recurrí siempre a los consejos de mi madrina y me encomendé mucho a Dios, pidiéndole sabiduría, valor y fortaleza para poder transmitirle a mi hijo lo mejor y lograr que superara esta situación que definitivamente lo estaba afectando.

Con el tiempo también tomé conciencia de lo importante que es deshacerse del sentimiento de culpa porque tenía que asumir mi verdadero rol en esta vida: ser una madre responsable. Me di cuenta de que si mi hijo pasaba la mayor parte del tiempo conmigo, entonces yo era la base fundamental de su educación y mi papel era formalizar la estructura de sus pautas cotidianas. Así fue como empecé a ponerle límite de horarios y a que se responsabilizara de tender su cama, lavar sus platos, botar la basura, etc. Pero la parte que más trabajo me dio fue que asumiera su responsabilidad en el colegio.

A mí en lo personal no me enseñaron cómo debe ser y actuar una madre. Simplemente yo me dejé guiar por mi instinto maternal y el ejemplo que recibí de mi mamá. Pero eso no fue suficiente ya que las épocas son otras, los estilos de vida cambian y todo evoluciona. En definitiva, nosotras, las madres de este tiempo, tenemos la responsabilidad de adaptarnos a medida que el mundo cambia y evoluciona. Nos toca renovarnos al mismo ritmo que avanza la tecnología. Es decir, debemos "convertirnos en madres en constante actualización" para estar en consonancia con el mundo con el que se relacionan nuestros hijos, ya que el mundo actual ejerce mucha más influencia en ellos por la intensidad de los estímulos externos a los cuales están expuestos. También por eso, ahora más que nunca, es que nos toca ser más comunicativas con ellos, y precisamente tenemos que sintonizarnos para que nuestra comunicación sea realmente efectiva, al mismo tiempo que debemos ocuparnos más de su parte emotiva y espiritual. Debemos estar dispuestas a buscar ayuda profesional cuando sea necesaria, siempre estando conscientes de que nuestros hijos son nuestra responsabilidad y principal prioridad hasta que ellos puedan valerse por sí mismos. Por esta razón, la base de su formación tras la separación de sus padres es una responsabilidad fundamental de la madre cuando es ella quien se queda con los hijos.

Esta etapa la sufrí muchísimo, me di cuenta de que no era suficiente desear ser buena madre, sino que me tocaba reestructurarme para funcionar realmente como el soporte de mi hijo. Así fue como empecé a asistir a grupos de apoyo, a leer y a enfocarme mucho en mi crecimiento emocional y espiritual para, de esa manera, transmitirle a mi hijo orden y disciplina. De algún modo asumí que debía olvidarme de mí misma como mujer para no dispersarme de mi prioridad pensando en noviazgos o enamorados, porque sabía que no era el momento adecuado. Aquel era el tiempo exclusivo de centrarme en mi recuperación emocional, pasar por el duelo de mi separación, y también el duelo de mi hijo, así como de plantearme mi propia disciplina con el objetivo de educarlo en base a pautas y normas que pudieran canalizarlo. Por eso, lo que siempre me dio fuerza para vencer mis debilidades fue pensar en mi hijo, la fortaleza me venía solo por pensar en él. Aunque el principio no fue nada fácil, era todo un proceso el que tenía que enfrentar.

Lo más doloroso y frustrante para mí fue esperar para lograr ver los resultados.

Durante bastante tiempo hubo días en que me levantaba sin esperanza alguna al observar que, a pesar de todos mis esfuerzos, no veía cambios positivos en mi hijo. Cada año que pasaba iba de mal en peor en la escuela, con la única excepción de que, por la gracia de Dios, él no tenía problemas de conducta. Pero no había manera de que subiera sus notas. Siempre me llegaba con calificaciones muy bajas, muchas D y F. Entonces probé de todo. Para ayudarlo le daba tutorías en las materias que más le ocasionaban problemas, apoyo psicológico, me comunicaba constantemente con los profesores de su escuela, tomaba acciones para mostrarle las consecuencias de no hacer sus tareas, como no dejarlo ir al cine con sus amigos o estar en la computadora, etc. También lo inscribí en clases de karate porque sé que este tipo de disciplina lo podía ayudar a reestructurarse, pero no hubo manera de que él subiera sus notas.

Fue justamente en esa época cuando empecé a concientizar que esa diferencia tan abismal que existía entre su padre y yo era lo que realmente lo afectaba; tanto así que fue casi misión imposible hacerlo salir de ese estado. La situación se volvió insostenible, las diferencias de mensajes que él recibía constantemente de nosotros lo estaba afectando tanto que yo no lo podía controlar.

Por un lado yo le exigía responsabilidad y constancia, (fortaleza que obtuve gracias a buscar ayuda y orientación), y por otro lado su padre era mucho más permisivo. Hasta cierto punto yo podía entender esa actitud a veces tan distendida de su parte porque no vivía con su hijo y en el poco tiempo que compartían él lo quería consentir.

También estoy consciente de que en varias ocasiones él trató de poner de su parte para disciplinarlo, pero por su trabajo y la falta de tiempo no alcanzaba tener la constancia suficiente para lograr que terminara de ayudar estructurar a nuestro hijo. Aunque los padres siempre queremos lo mejor para nuestros pequeños, muchas veces por desconocimiento de causa cometemos muchos errores con ellos.

Así como en una etapa sentí culpa por mi hijo, el padre también cayó inconscientemente en la trampa de la culpabilidad, aunque él a su vez sentía y creía que estaba haciendo y dándole lo mejor. Yo en lo personal pienso que no estaba consciente o lo suficientemente claro de lo que a nuestro hijo le estaba sucediendo.

Por eso, una medida sana a tomar en cuenta en primer lugar, es que hay que trabajar en liberarnos lo antes posible de nuestro sentimiento de culpa, ya que no nos permite ser asertivas, disciplinadas y constantes en la orientación, formación y educación de nuestros hijos. La culpabilidad hasta cierto punto cumple una misión en nuestra vida porque ese sentimiento nos ayuda a estar alertas de que algo no está funcionando bien. Pero cuando la culpa se convierte en un estado permanente, más bien es un obstáculo, siendo este comportamiento perjudicial para la salud mental y emocional de nuestros hijos. Los dobles mensajes provienen de este sentimiento: nos volvemos permisivos e inconscientemente les apoyamos conductas negativas creándoles mucha inestabilidad, inseguridad y desenfoque de sí mismos.

En definitiva, nosotras las madres somos la base, la columna vertebral en la vida emocional de nuestros hijos. Aunque estemos pasando por nuestro duelo, es nuestro deber poner las normas con firmeza, pero a la vez con cariño y compresión. Ya que mientras la mayoría de los padres piensa que es negativo usar la firmeza cuando los hijos se encuentran vulnerables, es todo lo contrario. Es en esa etapa cuando ellos más que nunca requieren orden y de una constante disciplina para ayudarlos a re-estructurarse y sobre todo "fortalecerlos" en su vida tanto emocional como espiritual.

Liberarse de la culpa es quitarse un gran peso de encima porque nos permite mantenernos centradas, y a la vez libera a nuestros hijos de la tendencia a caer en la manipulación. Tener conciencia de esto nos ayuda a ser más asertivos y objetivos en el momento de corregirlos.

A través de esta experiencia comprendo las grandes diferencias naturales que existen entre el rol de una madre y un padre. Aunque al tener un hijo ambos comparten la misma responsabilidad y están en el deber de concebir juntos un esquema congruente de formación, siempre existen diferencias por la propia característica de la mujer y el hombre en particular, y esto hay que tomarlo muy en cuenta a la hora de fijar una posición a pesar de las dificultades y las diferencias.

Aunque los padres tienen su rol fundamental y específico en la vida de los hijos, estas criaturas vienen del seno de la madre luego de nueve meses, y por tal razón existe un vínculo de conexión mucho más profundo y estrecho con los hijos. "Nosotras somos su tierra", por decirlo de alguna manera, y por esta razón la intuición de una madre es parte de la fortaleza de la relación madre e hijo. La intuición de madre está ahí y debemos trabajar para activarla y desarrollarla, y darle la importancia y el valor que se merece para que nos guíe a la hora de detectar la causa de los problemas, ya sea buscando en su momento la orientación apropiada para tomar decisiones importantes. "Siempre" para la mejora en la vida de nuestros hijos.

Las madres debemos comprender que nuestro rol es mucho más determinante que el de los padres, sobre todo luego de una separación porque ellos comparten más tiempo con nosotras. Por eso, si el padre no se encuentra en condiciones de ser consciente de lo que ocurre, aunque nos sea difícil y complicado llegar a algún acuerdo y se nos dificulte la comunicación, tenemos que mantener el foco de nuestro rol dentro del espacio que habitamos con nuestros hijos. Únicamente de esta manera, siendo conscientes y valorando nuestro rol como mujeres y como madres, lograremos ver resultados óptimos en nuestros hijos.

dieciséis

Los dobles mensajes afectan a nuestros hijos

Cuando un adolecente refleja bajas notas en sus grados escolares es señal de que algo anda mal. Se enciende la luz roja: advertencia. ¿Qué está pasando?

Como padres, es muy común que justifiquemos la situación por la complicada etapa de la adolescencia, o porque creemos *que al ser niño es distraído*. Pero estas no siempre son las verdaderas razones de su desmotivación o de la caída en su rendimiento. En la mayoría de los casos es la respuesta a un evento familiar que les está afectando, y una de las causas que más influye en estos cambios es la separación de los padres. De ahí que sea tan delicado y determinante identificar los síntomas y velar por sus emociones.

Yo no tomé conciencia de los cambios en mi hijo sino con el paso del tiempo, cuando empecé a observar cómo se estaba dejando llevar por la pereza y la desidia. Ver que cada día se notaba más la falta de interés en sus estudios, la poca motivación reflejada en las notas y las manifestaciones de su inestabilidad emocional, me afectaba sobre manera; más aún sabiendo que poseía (y aún posee) una notable inteligencia intelectual que requería de motivación y esfuerzo para desarrollarla plenamente. En esos momentos carecía de ella, y por eso fue una de las etapas más tristes de mi vida observar cómo mi hijo cada día se desmotivaba más, a pesar de mis esfuerzos.

Estas señales son las que los padres no podemos dejar de atender, ni tampoco permitir que ocurran. Es preciso tomarlas muy en cuenta a tiempo. En muchas ocasiones reflexioné sobre la carencia de estructura de mi hijo y sobre la importancia de ponerle límites razonables usando la constancia y la disciplina para librarlo de sus inseguridades y de la desmotivación en la que se encontraba. Pensaba en cómo darle herramientas que le permitieran valorar las cosas, porque a nivel material lo tenía todo, pero era necesario crearle un ambiente enfocado en enriquecer sus valores espirituales.

Pero yo estaba sola ante todo. El padre y yo disentíamos respecto a la manera de educar a nuestro hijo. Su criterio y opiniones no eran de gran ayuda para mí, aunque mi intuición me decía que juntos teníamos que orientarlo para elevar su autoestima. Al final confirmé que ese era el verdadero camino para que él dejara de sentir ese vacío y desmotivación. Pero su padre y yo difícilmente llegábamos a acuerdos.

Sucedió en varias ocasiones que, luego de pasar unos días con su padre, regresaba sumamente rebelde. Con su actitud mostraba que para él yo era en definitiva la mala de la película porque era la única que le ponía condiciones. Así pasaba el tiempo, y a pesar de mis esfuerzos todo seguía igual año tras año. No veía luz de cambio en él. Por épocas se mantenía firme y constante en sus obligaciones, pero luego recaía en lo mismo: pereza y desidia. En esa época me sentí muy frustrada e impotente porque, aún con todo mi esfuerzo, empeño y dedicación, no veía frutos.

A pesar de mi escaso éxito siempre mantuve o traté de mantener una buena comunicación con mi hijo. Seguía muy pendiente de cómo se sentía y observaba sus emociones para saber lo que le pasaba, y de esa manera continuar ayudándolo. Lo llevé a un psicólogo, especialista en adolescentes con el que nos reuníamos una vez por semana; después las consultas fueron mensuales. La dinámica hizo que asistiese con él durante las primeras sesiones para poner al psicólogo al corriente de la situación. En algunas ocasiones fuimos los dos padres juntos.

La ayuda psicológica funcionó hasta cierto punto. Permitió que mi hijo organizara mejor sus horarios en relación a las tareas y trabajos de la escuela, pero no logró que se recuperara de la flojera y desmotivación. Estas resistencias eran demasiado profundas y difíciles de vencer.

En su diagnóstico el terapeuta determinó que mi hijo podía tener **déficit de atención,** y nos recomendó evaluarlo con un profesional en esa área. Su padre y yo estábamos conscientes de que un médico especialista nos recomendaría pastillas específicas como tratamiento; por esa razón de inmediato descartamos la posibilidad, ya que él siempre ha estado en desacuerdo con la medicación de pastillas para tratar a los jóvenes que tienen esta condición. Aun así, el padre estaba convencido de que las fallas escolares que estaba presentando nuestro hijo eran en realidad solo y exclusivamente producto del *déficit de atención,* y le fue difícil aceptar que esta situación se debía a los dobles mensajes que siempre recibía. Había un mensaje diferente entre el mío y el suyo y esto le generaba inestabilidad e inseguridad.

Por mi parte ya a esas alturas era consciente y estaba convencida de que la inseguridad que sufría nuestro hijo era causada en gran medida por nuestra separación, y con el tiempo se acentuó debido a la falta de un soporte estructural que lo amparase. Al no ponernos de acuerdo nosotros como padres respecto a su educación, él se sintió más afectado.

La experiencia también me enseñó que la mayoría de los profesionales en el área de psicología, profesores y consejeros escolares, tienden a señalar que tanto los jóvenes hiperactivos como a los que presentan altibajos e inestabilidad en su rendimiento escolar, padecen de este trastorno *ADHD (Attention deficit hyperactivity disorder,* por sus siglas en inglés). Irresponsablemente determinan que sufren *este tipo de problema* y sugieren a los padres la evaluación de un especialista. Considero que lo grave de esta situación es que son muchos los niños y los jóvenes diagnosticados erróneamente, pues les resulta más fácil medicarlos con psico-estimulantes (a pesar de saber los efectos secundarios que tienen) que hacerles un seguimiento integral. Al evaluar su conducta, al establecer las condiciones familiares, al hacer un estudio psicológico integral del cuadro individual del niño, tanto como de su realidad familiar, es como se pueden llegar a las verdaderas causas y lograr un verdadero diagnóstico que permita definir el tratamiento más adecuado sin necesidad de recurrir a la medicación.

Es mayor la cantidad de niños y adolescentes que presentan síntomas de inestabilidad emocional motivados por problemas en sus hogares, ya sea por abandono emocional o físico, por el divorcio de sus padres y por otros problemas familiares, que aquellos que realmente sufren de *d*éficit de *atención.* Este es un tema de cuidado, para el cual recomiendo que se investigue a fondo antes de tomar decisiones que pueden derivar en un mal diagnóstico o medicación equivocada.

Durante el proceso, este fue un aspecto importante que tuve que aprender a manejar y no me resultó fácil. Mi experiencia ha sido la de luchar contra viento y marea por muchos años. En cada escuela a la que mi hijo asistió tuve que escuchar repetidamente lo mismo: que él tenía *d*éficit de *atención.* Los docentes siempre se enfocaron sólo en esa posibilidad, pero ninguno de ellos detectó que podía existir un problema de inestabilidad emocional provocada por otras causas.

A ratos me frustraba porque siempre escuchaba lo mismo, lo que me hacía pensar que tal vez sí podría existir esa posibilidad y que si no se atendía podría empeorar aún más su ADHD. Pero había una voz en mi interior: la intuición de madre me decía que el mayor problema que afectaba a mi hijo eran los continuos desacuerdos que existían entre su padre y yo. Nuestras propias resistencias se reflejaban en él y en la falta de constancia en sus deberes; no manejaba la disciplina, no tenía una base, un soporte, una estructura que le sirviese de modelo para poder centrarse en sí mismo y funcionar adecuadamente.

Considero que lo más importante que me enseñó esta experiencia fue aprender a valorar los sentimientos de mi hijo. Profundicé tanto en ellos que ciertamente lo ayudé a identificarlos, aceptarlos y cambiar lo que tenía que cambiar.

La educación de nuestros hijos debe tener como meta principal enseñarles quiénes son como individuos para reforzar su autoestima reconociendo que valen por sus dones, talentos y capacidades, y que sí pueden hacer las cosas bien y fluir con las pruebas que se les presentan. Así como también hay que enseñarles a reconocer y manejar sus emociones de manera positiva.

En las etapas de separación y divorcio, los hijos pasan por períodos de inseguridad, miedo, sufrimiento y frustración. Piden ayuda a gritos silenciosos, se sienten abandonados e incomprendidos. En la mayoría de los casos los padres no percibimos la problemática porque estamos inmersos en nuestras propias inquietudes o porque buscamos la manera de salir de nuestro dolor mediante distracciones, fiesteando excesivamente, trabajando demasiado o enfocándonos en nuevas relaciones. Por no saber escucharnos a nosotros mismos tampoco sabemos cómo detenernos por un instante a escuchar a nuestros hijos, y por eso se disparan las alarmas en su comportamiento y su rendimiento académico. Muchas veces el caos se convierte en el gran maestro que nos llama a revisarnos, a observar la situación y a ocuparnos con conciencia.

Mi hijo en una época sintió profundo resentimiento hacia su padre y hacia mí porque le era difícil entender las diferencias que existían entre nuestras formas de educarlo. Esas contradicciones tambaleaban la base que él necesitaba para estar centrado y sentirse bien tanto con nosotros como consigo mismo. Es fundamental comprender que al tener hijos la relación con la pareja se mantendrá de por vida. Aunque nos separemos, hay que tomar conciencia de la congruencia. Ser congruentes es responsabilidad vital que los padres deben asumir para evitar los dobles mensajes y mantener la base de la educación, formación y orientación de los hijos de manera que no influya negativamente en sus sentimientos o emociones.

Tristemente, existen casos donde no hay manera de establecer un acuerdo, como lo fue en mi situación con mi exesposo a pesar de todas las veces que lo intenté. Por eso terminé convencida de que era imposible cambiar su manera de pensar y de hacer las cosas. Las diferencias al educar a nuestro hijo eran extremadamente opuestas. Me di cuenta de que era el momento de enfocarme en mi hijo, darle todo el apoyo posible y buscar soluciones idóneas para lograr mi meta de estructurarlo.

A través de varias terapias con mi madrina logramos que él superara estos sentimientos negativos explicándole de una manera realista el porqué de las diferencias entre su padre y yo.

El gran amor que siento por él me mantuvo motivada. Día a día con paciencia, cariño y atención su vida emocional se fue trasformando para bien. A pesar de mis miedos y de lo terriblemente sola que me sentía, jamás dejé de pedirle a Dios valor y fortaleza. En definitiva, para seguir adelante hay que echarle ganas y tener siempre presente a Dios para no perder la Fe y la esperanza.

diecisiete

Una importante decisión para un cambio determinante en la vida de mi hijo

Durante el proceso de ocuparme de la situación emocional de mi hijo, cuando cursaba el 8vo grado, su padre me hizo una propuesta: quería tenerlo con él hasta finalizar el año escolar y colaborar para que superara su deficiencia académica. Esto pasó luego de muchas ocasiones en las que, indignada, le comunicaba al padre mi inquietud ante la desidia de nuestro hijo y su falta de interés por mejorar las notas. Yo insistía mucho en que la responsabilidad de esta situación se debía a que nosotros le enviábamos dobles mensajes en cuanto a cómo lo educábamos. A pesar de esto decidí darle la oportunidad y acepté la propuesta, aún estando consciente de que él no tenía tiempo suficiente por sus múltiples ocupaciones. Pero tenía esperanza de que las cosas cambiaran y que resultase una gran oportunidad para ellos de integrarse un poco más, pues desde la separación no habían compartido mucho tiempo juntos, salvo en los días de vacaciones.

Su padre vivía muy cerca de mi casa, pero eso no fue suficiente consuelo. Recuerdo perfectamente el día en que se fue con su padre. Ya había hecho sus maletas y verlo partir me causó gran tristeza. Pero me armé de valor y acepté el acuerdo con el fin y la esperanza de que mi hijo reaccionase, se hiciese responsable por sí mismo y pusiese mayor interés en la escuela. "¡Quién sabe!" pensé. Era necesario pasar la prueba.

Aunque en el fondo de mi corazón sospechaba que esto no iba a funcionar, pensé que al probar otra manera de hacer las cosas podía esperar resultados diferentes. Ya yo había dado lo máximo posible para solucionar su situación.

Frecuentemente revisaba su récord de calificaciones a través de la página web de su escuela. Habían pasado un par de meses desde la mudanza con su padre y mi tristeza aumentó porque no parecía haber mejoría alguna. En el mes de marzo revisé sus notas y tenía seis "F". La única materia que salvó fue Historia, ya que desde siempre esta fue su asignatura favorita. No lo podía creer. Eran las notas más bajas de todos sus años escolares. Llame a su padre alarmada por las circunstancias y queriendo una explicación, la única respuesta que recibí de él fue: "es necesario que nuestro hijo toque fondo para que reaccione y madure".

Mi preocupación llegaba al límite. Me había pedido que no interviniese mientras nuestro hijo estuviera a su cargo. Era de respetarse. Pero como ansiaba una solución inmediata, le envié un email donde aceptaba permanecer al margen con la condición de que, si al finalizar el curso nuestro hijo no se recuperaba, le informaría el plan que tenía pensado para sacarlo de aquel abismo.

Empezaron a haber cambios; justo antes de que terminara el año escolar mi exesposo me comunicó que nuestro hijo quería regresar a mi casa. Su decisión surgió al tomar conciencia de que necesitaba una verdadera disciplina. Esto resultó ser algo positivo, y dos meses antes de que culminaran las clases ya mi hijo estaba de regreso.

Entonces puse manos a la obra: empecé a marcar ciertas reglas, entre las cuales no le estaba permitido reunirse los fines de semana con los amigos de la banda de música y le recorté los horarios de la computadora. Teníamos que esperar que mejorara sus notas, y poco a poco pudo recuperarse. Con el ritmo que mantuvo logramos elevarlas, aunque a duras penas pasó el año.

Mi pensamiento y atención estaban totalmente centrados en mi hijo. Buscando soluciones para resolver su comportamiento negativo, y tras mucho reflexionar, me convencí completamente de que necesitaba un cambio radical. Se me ocurrió que la mejor idea sería mandarlo por vacaciones de verano a una escuela militar, con tentativa de quedarse a terminar su secundaria. No por poseer mala conducta, ya que mi hijo siempre fue un chico de buen carácter, muy sociable y educado, pero sí me enfoqué en algo que fuese fuerte y determinante para lograr estructurarlo a nivel académico. Allí terminaría la secundaria.

Lo ideal era una escuela de verano que estuviese ubicada a cierta distancia de nuestra ciudad. Me puse a investigar día tras día cuáles eran las escuelas que ofrecían estructura académica, con programas que se implementan sobre la base de una sólida disciplina que beneficiaría a mi hijo. Fue así que, investigando, me decidí por "Riverside Military Academy School", la cual reunía las condiciones adecuadas acorde a mis expectativas. Era una escuela con gran prestigio internacional situada Gainesville, Georgia. Contaba con varios programas deportivos, un *summer-camp* de cuatro semanas y lo más importante, una arraigada estructura académica.

Después de hacer contacto con la escuela, me dispuse a reunir toda la documentación que requerían; fue un trabajo arduo que valió la pena. Mientras recopilaba sus últimas notas escolares, cartas de recomendación de sus maestros, la carta de buena conducta, etc., tuve la oportunidad de reunirme y conversar con cada uno de sus profesores del *High School*.

Durante todos sus años de colegio, en todos mis encuentros con diferentes docentes hubo siempre una coincidencia respecto a él, siempre comentaban lo mismo: no entendían cómo un joven tan inteligente y brillante sacaba tan bajas notas. Era la opinión de todos ellos. Evidentemente eso se debía a la falta de base, una carencia de estructura.

Al poco tiempo de enviar los papeles a Riverside solicitando el cupo, me llegó un email confirmando la aceptación. Con mucho entusiasmo me preparé para informar a mi hijo del plan para sus vacaciones. Psicológicamente sabía que no iba ser fácil para él aceptar este plan y en nuestra reunión tuvimos una fuerte discusión. Manifestó su disconformidad ante la noticia y me costó muchísimo convencerlo, pero al final, sabiendo que los resultados de sus notas no dejaban otra alternativa, terminó cediendo. La innegable realidad era que necesitaba un cambio tan "radical" como urgente.

Ya mi hijo estaba convencidísimo y había aceptado el plan que le tocaba para ese verano, y llegaba la hora de hablar con su padre. También me costó mucho trabajo convencerlo, pero al final nos apoyó pagando el programa de verano. Aprovechando la ocasión le asomé la posibilidad de internarlo para el resto de la secundaria o *high school*, a lo cual se negó casi hasta el final. Con tanta insistencia de mi parte y exponiéndole razones válidas, accedió a que investigara sobre los tipos de financiamiento de la escuela, por lo menos para el período de un año. Así que, apenas finalizamos la reunión, di por sentado que mi exconvenía conmigo. Sin embargo, al pasar los días me di cuenta de que eso no fue así. Él realmente no estaría de acuerdo en internar a nuestro hijo por los dos últimos años de *high school* que le quedaban.

Empezó la intensa y larga lucha por llegar a un acuerdo. Se abrieron viejas heridas, las peleas eran frecuentes, duras, quizás las más dolorosas que hayamos tenido. El padre de mi hijo, debido a su mentalidad y a que era él quien tenía el poder económico, estaba en completo desacuerdo con mi propuesta.

Sabiendo que Riverside era una escuela privada normal, en la cual se imparte la educación militar sin ser un *boot-camp*, y segura de que no era un lugar para chicos con problemas de conducta, decidí seguir adelante con el plan. Nunca me di por vencida, cada día tenía más fuerzas para continuar.

Entiendo que en caso de tener un hijo con serios problemas de conducta, lo principal es buscar asesoría profesional especializada en adolescentes a la hora de escoger un plan de internado, sobre todo en el caso de los *boot-camp*. Estos son programas de entrenamiento privados, los cuales se basan en técnicas y métodos militares, impartidos como "soluciones rápidas" para los hijos de padres que tienen la esperanza de recuperar el control que perdieron sobre ellos, o que desean la modificación de su comportamiento. Este método se debería utilizar como última opción. Si un terapeuta o psicólogo especialista en adolecentes lo recomienda, porque considera que es *urgentemente* necesario, hay que meditarlo y tomar la decisión siempre y cuando que contribuya al cambio positivo en el adolescente.

Mi hijo entró en verano al Riverside Military School. En 9no grado se adelantó cursando dos materias que pertenecían al último año de *high school*. Él mismo las seleccionó porque consideró que era apto, y logró una "B" en *Government* y "B" en *Economics*, demostrando que con orden y disciplina se obtienen grandes resultados.

En ese ínterin tuve muchos desacuerdos con su padre, ya que él seguía sin ceder a mi idea de dejarlo terminar sus dos últimos años de *high school* en el Riverside, y eso nos generaba conflictos y discusiones. Por eso, a su regreso del verano en Riverside, mi hijo nuevamente vivió una época muy tensa: su padre y yo no nos poníamos de acuerdo en dónde culminaría su educación escolar.

Fue muy triste porque en un momento dado mi hijo tuvo que intervenir para evitar que la situación de conflicto empeorara aún más.

Debido a esto, mi hijo se distanció de su padre ya que no lograba entender cómo no nos podíamos poner de acuerdo.

Sin embargo, a pesar de las diferencias que yo tenía con su padre, siempre luché por evitar que mi hijo se llenara de rencores o resentimientos; le pedí a mi madrina que interviniera y le ayudara a procesar ese mal momento y a entender de una manera madura la situación. Gracias a esas terapias mi hijo logró superar emocionalmente todo lo negativo de una manera positiva.

Esta experiencia familiar, unida a la que vivió en la escuela militar, lo hizo reflexionar y madurar. Al poco tiempo observé cambio en su comportamiento: era más responsable, maduro y consciente de sus actos.

Finalmente, después de muchos tropiezos, de lidiar con abogados deshonestos, de tener gastos de más, añadidos a peleas y discusiones por interminables desacuerdos, llegamos a la conclusión de que era necesario cambiarlo de su antigua escuela, ya que esta se especializaba en Arte. A pesar de que a él le gustaba mucho por el ambiente artístico y musical, no se enfocaba en lo que realmente era su vocación: economía y política, ni ofrecían un buen método que ayudase a nuestro hijo a estructurarse.

Debido a sus bajas calificaciones era difícil conseguir en nuestra ciudad una escuela que, reuniendo estas características, lo pudiese aceptar. Pero con suerte logramos que en ese mismo año entrara a 10° grado en un prestigioso colegio de la misma localidad, gracias a que su padre finalmente aceptó matricular.

Desde ese momento hasta hoy en día sus notas han mejorado. De forma increíble ahora cumple a cabalidad con sus tareas escolares, ha dado un cambio de 180 grados. Durante dos años seguidos ha ganado premios y reconocimientos por parte de sus profesores. yo estoy sumamente orgullosa de él. Esta es la gran recompensa.

Muchas veces las dificultades de nuestros hijos nos sacuden de tal manera que, por instinto, terminamos concientizando lo necesario que es buscar soluciones radicales. Gracias a eso es que se pueden transformar las dificultades en grandes oportunidades. A raíz de esta experiencia con la educación de mi hijo en relación con su padre, pude comprender la importancia de ser "madres" determinantes y mantenernos firmes a la hora de tomar decisiones. Aunque encontremos resistencias, sea con nuestros hijos o con sus padres, siempre hay que seguir la intuición y tratar por todas las formas posibles de conseguir lo que creemos más conveniente para nuestros hijos afectados por la separación y la relación post separación.

Firmeza, determinación y congruencia es lo que nuestros hijos nos piden con mensajes cifrados en sus resultados y actitudes como parte de su proceso de maduración y crecimiento integral.

Si bien hay que consultar o dar parte de las decisiones que pensamos tomar para corregir la situación, siempre es importante como madres mantener la determinación y demostrar convicción en los beneficios que ellos obtendrán. De igual manera hay que comunicar esto mismo a los padres y mantener la actitud asertiva para encontrar apoyo.

Por naturaleza, el rol de la madre es fundamentalmente organizativo y está en nosotras la responsabilidad de canalizar las situaciones en los momentos indicados. La mayoría de las veces es muy sano soltar a los hijos por un tiempo para que convivan con sus padres. Eso genera un natural punto crítico que a ellos los hace reaccionar también por instinto y luego regresan a casa con una nueva perspectiva y conciencia. Mientras ese proceso ocurre, nosotras nos ocupamos de crecer individualmente mientras monitoreamos la situación de nuestros hijos y nos preparamos para manejar las eventualidades que se presenten en la medida de nuestras posibilidades.

Mientras atravesaba la etapa de decidir internar a mi hijo como solución a su rendimiento en el colegio, no tenía conciencia de esto porque simultáneamente debía enfrentar otras cosas. De algún lado o de otro siempre aparecen pruebas, pero gracias a ellas aprendí el valor de la firmeza a la hora de tomar decisiones a favor de mi hijo.

dieciocho

La familia: sus opiniones o intervenciones pueden crear conflictos

Si bien con el tiempo aprendí a asumir el valor de la firmeza, la determinación y la congruencia a la hora de tomar decisiones radicales por el bien de mi hijo, debo decir que me costó llegar a eso. Simultáneamente me tocó enfrentar otras pruebas. Justo durante la época más determinante para el presente y el futuro de mi hijo, mi madrina se encontraba fuera del país. Se me hacía difícil localizarla, no podía contar con ella todo el tiempo como esperaba hacerlo en esos momentos de angustia y tan difíciles para mí. Me hizo mucha falta escuchar sus sabios consejos porque tristemente con mi familia no podía contar. Nuestras grandes diferencias no me permitían ese acercamiento. El hecho de que perteneciéramos al mismo núcleo familiar no significaba que estuvieran en la obligación de "pensar igual que yo". Por esta razón los mantuve siempre al margen de mi vida privada y de todo lo que se refiere a mis asuntos personales. Decidí no involucrarlos en eventos sobre los cuales podrían dar opiniones poco objetivas, nubladas quizás por el afecto y la emoción, o sencillamente por una manera distinta de ver la vida.

Mi familia se enteró por terceras personas de mi situación y de mi decisión de internar a mi hijo en el *Riverside School*. Ellos, sin saber a fondo como habían sucedido las cosas, intervinieron de una manera que no ayudaba para nada a mi situación. Más bien me traían más conflicto con críticas y opiniones que muchas veces no venían al caso. Contrario a todo lo que yo necesitaba en esos momentos, sentía esa pesadez emocional por lo vulnerable que me encontraba. Tiempo atrás yo aprendí a "no" involucrarme en sus asuntos personales, debido a los muchos malos ratos y fuertes discusiones que tuvimos por haber sido un poco controladora y a veces impertinente e imprudente con mi familia en el pasado. Aprendí que la consideración y respeto a la privacidad es un derecho, independientemente de que seamos familia, y que la prudencia es parte de la madurez emocional. Así como también aprendí a no dar consejos a menos que me lo pidan.

Tristemente, debido a estas fuertes diferencias que tuve con mi familia a raíz de esa situación, me tocó tomar la decisión de apartarme de ellos. En aquellos momentos no sabía que pasaría en el futuro, no sabía si algún día nos volveríamos a reunir. Quién sabe, la vida se encarga de poner cada cosa en su lugar. Solo puedo decir que en mi corazón no existen rencores, ni resentimientos gracias a entender y procesar todas esas emociones negativas de una manera espiritual.

Con mis padres mantengo contacto cercano. Trato de visitarlos lo más posible, pero evito que se involucren en mi vida personal porque considero que ellos ya tienen suficiente con sus problemas, y de la mejor manera colaboro en lo que necesiten.

Esta etapa tan difícil que pasé con mi hijo y su padre me sirvió para darme cuenta de muchas cosas, pero sobre todo me enseñó a valorar mucho más a las personas que están con uno en esos momentos tan difíciles. Ciertamente son momentos muy tristes, de soledad, donde necesitamos la ayuda externa de personas con mucha fortaleza que nos transmitan paz y serenidad. Por eso siento que debo ser muy enfática en lo que se refiere a este tema tan delicado con la familia y la importancia de ponerle límites saludables precisamente a ellos. Muchas veces se confunde tremendamente el concepto de la confianza y sin darnos cuenta caemos en la imprudencia. Los familiares debemos pensar en qué momento es adecuado intervenir en asuntos personales de alguno de sus miembros. Por el hecho de que seamos familia, no tenemos el derecho de intervenir sin que antes se nos lo haya solicitado. A veces por querer ayudar podemos empeorar la situación.

Pienso que definitivamente para que exista buena comunicación entre los familiares debe de existir antes que todo respeto y una sana distancia, es decir: interdependencia. El control que a veces la familia quiere ejercer sobre sus propios miembros y sus asuntos personales puede crear malos entendidos, enemistad y distanciamiento. Por eso que es muy importante tratar siempre de mantenerse al margen y esperar a que se nos pida ayuda o consejos. Estos consejos deberían ser lo más objetivos posible y no involucrar emociones ni juicios. Esta manera madura de manejar las situaciones familiares evitará las separaciones entre hermanos, padres u otros familiares.

Ahora bien, el valor de presencia de la familia siempre es importante porque los vínculos del cariño, el compartir y el tener su compañía siempre nos dan soporte y nos permiten disfrutar de esa satisfacción natural de sentir pertenencia con algo. Por eso en mis reflexiones considero el valor que tiene una mujer para vivir en una ciudad que no es la suya, sola y con hijos, carente del apoyo familiar, como lo hacen millones de mujeres que emigran de sus países en busca de una vida mejor. Es un gran mérito.

A esas mujeres se les debe mucha consideración y respeto. Les tengo una admiración profunda, tan grande como su valentía, porque están en un país ajeno al suyo donde tiene que ingeniárselas para salir adelante por ellas y por sus hijos.

Ahora bien, sea cual sea nuestra situación, tengamos a la familia cerca o no, lo importante es saber poner límites para no sumar más cargas a las que ya se tienen cuando uno se está separando.

diecinueve

La responsabilidad de los padres
por las conductas de nuestros hijos

Enfocarnos en canalizar a nuestros hijos a través de una formación consciente, congruente y adecuada, es prevenir que el día de mañana ellos sean "jóvenes problema". Cuántas veces nosotros los adultos nos dedicamos a criticar a los jóvenes envueltos en problemas sin caer en cuenta de que los responsables de esas conductas destructivas que ellos desarrollan hoy en día las provocan la falta de conciencia de los mismos padres. En los casos extremos esto sucede por abandono físico y emocional y por no ocuparse en su momento de darles una verdadera atención.

En los casos donde existe pobreza y un bajo nivel educativo o sociocultural, se ven más estos tipos de abandono extremo, donde inclusive existe abuso físico y negligencia por parte de los mismos padres hacia sus hijos. Pero muchas familias de clase media y alta no están exentas de este tipo de situaciones.

En la ciudad donde viví por muchos años el nivel sociocultural es de muy buen perfil, siendo la clase media alta el promedio de familias que la habitan. Sin embargo el panorama plantea una situación en apariencia inverosímil pero que es una realidad: dentro de tanta riqueza material se esconde una gran carencia humana que deja sus secuelas en los jóvenes miembros de la familia.

Esto no lo planteo como una crítica sino como un sincero llamado a la reflexión. Resulta incoherente ver muchas de esas casas lujosas, mansiones maravillosas con playas privadas, estacionamientos con carros último modelo en las que no existe el calor de un hogar, ni habita ese espíritu de unión y atención integral que funcione como verdadero refugio para los niños y jóvenes en pleno desarrollo.

Es muy triste saber cómo los bienes materiales se han convertido en un objetivo prioritario en la vida diaria de los padres y en sustituto de los valores y principios que sustentan las auténticas bases de la vida. Allí existen cantidad de adolecentes de buen estatus económico abandonados por sus padres a nivel afectivo y emocional. Pero es más grave aún cuando ellos desde tan jóvenes empiezan a proyectar las consecuencias de estos vacíos, dando señales de problemas que necesitan atención por la manera de conducirse en las escuelas y en su entorno social.

Los padres en muchas ocasiones son citados por los consejeros escolares debido a las conductas de sus hijos. Señales claras de alarma, y sin embargo no alcanzan a tomar conciencia de lo que realmente les está sucediendo. Hay padres que tardan en reaccionar y ayudar a sus hijos a modificar y canalizar sus conductas de forma positiva, y por eso se generan consecuencias tan graves como irreversibles.

Recuerdo una historia muy fuerte con un final trágico que ocurrió no hace mucho tiempo y que a mí en lo personal me dejo realmente impactada: una madrugada, mientras un joven regresaba de una fiesta, justo muy cerca de llegar a su casa, se quedó dormido por un segundo al volante debido a su estado de ebriedad y atropelló a un ciclista quien murió en el acto. A consecuencia de esto, lo sentenciaron a 5 años de prisión.

A este joven lo conocí desde que era casi un niño y lo vi crecer. Visitaba de vez en cuando mi casa, pero con el tiempo no lo vi más. Luego supe que estaba consumiendo drogas y alcohol. Enterarme de que había caído en estos vicios fue fuerte para mí: me impactó hasta el punto de provocarme una profunda tristeza. Igualmente experimenté una sensación premonitoria de que las cosas con él algún día iban a terminar mal y no me equivoqué.

Mirar el caso de este chico, y el de muchos jóvenes con una vida por delante truncada por hechos fatales, es muy triste y lamentable, pero sobre todo grave. Yo apenas cito este caso, pero la realidad es que historias similares ocurren diariamente, convirtiéndose en una tendencia estadística a nivel mundial. Por eso, frente a circunstancias tan impactantes como esta resulta imposible ser indiferentes. Este tipo de situaciones nos ponen a reflexionar profundamente sobre el nivel de gravedad.

Está claro que todos los padres queremos lo mejor para nuestros hijos, pero resulta fácil ver cómo en estos tiempos la escala de valores en las familias acomodadas se ha traspolado, y desarrollan la creencia de que ser padres buenos y responsables es "ofrecerles únicamente cosas materiales", y que así las necesidades de los hijos ya están plenamente satisfechas.

Existe una diferencia entre educación y formación y es muy importante comprenderla. Tener la oportunidad de enviar a nuestros hijos a las mejores escuelas con la intención de que se cultiven y se formen a nivel intelectual es de un valor incalculable. Con mayor razón si los padres están poniendo todo su esfuerzo para lograr ese fin. Pero debemos tomar en cuenta que delegar demasiado la educación de nuestros hijos a las escuelas no es lo más saludable, pues nuestro papel es asumir el deber de involucrarnos tanto en sus vidas como en su entorno escolar, y más aún si ellos están en pleno desarrollo.

Asumir una verdadera responsabilidad como padres requiere de mucha asertividad. Hay padres que llegan al punto de permitir que sus hijos armen tremendas fiestas con bebidas alcohólicas siendo ellos menores de edad, "justificando" que es mejor que beban alcohol en sus propias casas que en las casas de sus amigos. Esto es un "tremendo error" para empezar. Dar permiso para que nuestros hijos tomen bebidas alcohólicas siendo aún menores de edad es no tener sentido común, ya que les estamos dando un mal ejemplo y un mensaje no solo muy equivocado, sino también peligroso. En primer lugar, porque una vez que un menor se toma la confianza para beber alcohol con consentimiento de los padres, lo va a hacer en casa, en la casa de algún amigo, afuera y en donde sea. Pero, el día que queramos hacer un stop a esta situación, va a ser realmente imposible pararlo porque ya dimos pie a que se retribuyan esta confianza.

Asimismo pienso que, si no se aplican limites saludables a nuestros hijos, ellos crecerán sin ningún tipo de estructura. Es necesario poner límites en el momento que se crea necesario. Pero esto depende mucho de nuestro sentido común, de nuestra constancia y dedicación.

Conozco a muchos padres que se quejan de sus hijos e inclusive se expresan de ellos de una manera tan negativa como si fueran monstruos. No hay conciencia y no asumen su responsabilidad como padres reconociendo que son ellos mismos los causantes de crear esos "monstruos" de los que se quejan por no haber tenido el valor, la fortaleza y la constancia de mantener una actitud "firme" al corregir la conducta negativa de sus hijos. "Es triste pero es una realidad cotidiana", los padres hoy en día son extremadamente permisivos y esto es gravísimo para la educación de estos jóvenes, que lo que más necesitan en esta etapa es atención y reglas claras para canalizarse.

¿Es realmente *amor o sobreprotección*?

A la mayoría de los padres no nos enseñaron cómo dar lo mejor de nosotros a nuestros hijos, por eso es tan importante "admitir" que no lo sabemos todo y que en algunos casos necesitamos ayuda y buenos consejos de personas experimentadas. Generalmente muchas de las causas de los divorcios se deben a que los padres no se ponen de acuerdo en la educación de sus hijos, y muchas madres una vez que se separan o divorcian, quedan "solas" asumiendo toda la responsabilidad en la *educación emocional* de sus hijos. Buscar ayuda no debería hacernos sentir menos que nadie, todo lo contrario. Esta actitud demuestra "que somos personas inteligentes" y humildes al aceptar que no todo lo sabemos. "Tomar conciencia y reaccionar a tiempo antes que sea demasiado tarde es ser responsables".

El verdadero amor se demuestra en todos los momentos y la disciplina es parte del amor que nosotros los padres nos corresponde darle a nuestros hijos.

Ser permisivos causa un daño muchas veces irreversible y las consecuencias pueden ser irreparables. A veces por pereza o desidia no les proveemos la atención necesaria porque, en definitiva, educar a un hijo es un trabajo arduo de disciplina y de constancia: *la formación es un trabajo diario.*

Asimismo, sobreproteger a los hijos también es el daño más grande que les podamos causar ya que esto evita el desarrollo de su madurez emocional. Cuando evitamos que asuman las consecuencias de sus propios actos no permitimos que aprendan a discernir donde están sus límites. Por ejemplo: permitir que se queden hasta altas horas de la noche en fiestas siendo menores de edad o sacarlos de aprietos sin aplicar alguna consecuencia cada vez que ellos se comportan de una manera irresponsable, es anularlos como seres humanos; pierden el sentido de identidad. Esta actitud no los ayuda ni los fortalece en nada; contrario a lo que nosotros podamos pensar, más que sentirse queridos en el fondo se sienten abandonados porque perciben que no tienen la atención suficiente de sus padres. Sienten que navegan en medio del mar en una noche oscura y les falta ese faro que les da una guía para enfocarse y saber cuál es la dirección a seguir.

Conocí el caso de un padre de familia divorciado, abandonado por la madre de su hijo. Cada vez que su hijo menor salía de fiesta, terminaba emborrachándose al punto de que en varias ocasiones era la policía la que lo acompañaba a casa. A pesar de que esta conducta negativa se repetía con frecuencia, el padre era incapaz de poner límites y consecuencias a su hijo. A tal punto llegó esa conducta que un día su hijo fue arrestado por conducir en estado de ebriedad. Su padre terminó sacándolo de su arresto, pero por lástima tampoco esa vez hizo nada. Su hijo no quiso continuar estudiando y actualmente sufre de alcoholismo. Al no poner límites y consecuencias para corregirlo el padre reafirma la conducta autodestructiva de su hijo. Además de haber arruinado su vida inconscientemente apoyando esa conducta destructiva, el padre quedó atrapado en su propio sentimiento de culpa y remordimiento, se hizo esclavo de su hijo y no puede tener una vida normal porque todos los días vive con la angustia de que le pueda pasar algo.

Así como he citado este ejemplo, existen miles de razones por las cuales indirectamente les podemos arruinar la vida a nuestros hijos. A veces alimentamos la pereza, la desidia, la sinvergüencería, el machismo, la falta de respeto a sus mayores, el egoísmo, el chisme, la soberbia, la envidia, la gula, las ambiciones sin mesura, la ira, los resentimientos y los miedos desmedidos. Por estas y muchas razones es imprescindible tomar conciencia del significado de la responsabilidad de ser padres, hacer lo mejor que podamos en orientarlos y formarlos para que el día de mañana no nos arrepintamos de no haber hecho las cosas a su debido tiempo.

veinte

La actitud de los padres con los hijos en el proceso de separación

Existen situaciones en que muchos padres pierden la guardia y custodia de sus hijos después de la separación o divorcio por no saber manejar la situación, permitiendo que sus emociones los dominen y les impidan ser objetivos.

También se dan muchos casos de enfrentamientos entre padres delante de sus hijos, demostrando que no tienen ni la más mínima conciencia de lo que significa para ellos presenciar las discusiones entre sus padres, trauma que les afectará inclusive en sus relaciones futuras.

Es una ventaja que un hijo cuente con un buen padre ya que, a pesar de sus errores humanos, es responsable y siempre actúa con buena voluntad. De no ser así, es importante que la madre evite involucrar a los chicos en peleas o discusiones porque ese maltrato emocional repercute con serias consecuencias en ellos.

Es un error común hacer comentarios negativos frecuentes en los divorcios. Se habla mal de los exesposos o viceversa, y cuando son ellos los que hablan mal, se olvidan de que son las madres de sus hijos y se les escapan estos comentarios sin conciencia. Todo delante de ellos. En muchos casos hasta los *utilizamos* como intermediarios para pedir más dinero o comunicar mensajes. También se cae en el error de hacerles comentarios, juicios y críticas, como por ejemplo: "si tu papá te quisiera tanto no se hubiera separado de mí", "tu papá siempre fue un abusivo, un egoísta y un irresponsable", etc. Estos, por nombrar algunos de los muchos comentarios despectivos que hacemos sin darnos cuenta, son actitudes manipuladoras que llevan una gran carga de resentimiento. Todas estas opiniones negativas que hacemos delante de nuestros hijos afectan dramática y severamente la autoestima del niño o adolescente.

Los ponemos en una situación que los hace vulnerables. Les genera decepción, tristeza y una profunda confusión, así como les hace perder el marco de referencia de las cualidades de sus padres. Poco a poco se debilita la imagen que tienen de ellos y esto a la larga influye en el respeto que les guardan.

Cuando yo lidiaba con los cambios en mi vida y en la de mi hijo, tomé conciencia de sus necesidades respecto a su corta edad; tuve que apartar a la mujer que había en mí para poder enfocarme en el rol de mamá. Porque para ser madre de verdad se requiere de una amplia conciencia, de mucha entrega, compromiso y responsabilidad, sobre todo en la etapa de separación o divorcio. Muchas veces cuando me sentía agotada y la carga era muy pesada para mí quería soltarlo todo, pero al rato tomaba conciencia y me preguntaba: "¿quién de esos niños o ángeles del cielo pidió venir a este mundo?".

Nosotras tuvimos la idea. Pero tener hijos no es soplar y hacer botellas; se requiere de una gran responsabilidad. Estamos asumiendo "la misión" de traer a este mundo a un ser humano con sentimientos, con una mente.

A la hora de tener un hijo no solo hay que estar preparadas a nivel económico y profesional, sino también emocional y psicológicamente. Hay que estar listas para enfrentar cualquier situación que se presente en la vida. Para ser padres hay que adiestrarse a fin de cumplir la misión de la mejor manera posible.

Aceptar mi papel de madre implicó por mucho tiempo renunciar a trabajos bien remunerados, en los cuales tendría que viajar con frecuencia. Más tarde renuncié a relaciones de noviazgo porque mi hijo demandaba todo mi tiempo, pues era todavía un niño.

Suerte que pude darme cuenta de que en esta experiencia era yo lo más importante del mundo para mi hijo. Empecé a ocuparme de que hiciera sus tareas, a reunirme con sus profesores cuando era necesario y también me involucré más en su vida emocional. Este es un aspecto que hay que tener bien enfocado, porque los niños también viven su proceso interior durante la separación de sus padres y necesitan el apoyo adecuado de nosotras para poder asimilarlo.

Recuerdo las preguntas que me hacía al principio de la separación. En el fondo de su corazoncito tenía la esperanza de que su padre y yo volviéramos a estar juntos. Tenía apenas 7 años y en ese entonces no tenía la capacidad mental para entender lo que estaba sucediendo. A medida que crecía fue comprendiendo el porqué de la separación.

Dediqué el tiempo necesario a explicarle muchas cosas. Aclaré las dudas que me pareció que tenía; explicaciones que intuí que él necesitaba, dejándole saber exactamente qué era lo que había sucedido.

Un acierto que tuve fue hablarle siempre en positivo de su padre. A pesar de que estaba muy resentida al principio de la separación porque hubo muchas discusiones y peleas entre nosotros, evité en lo posible que mi hijo se diera cuenta de esto. Le expliqué que su papá y yo con el tiempo nos dimos cuenta de que pensábamos muy diferente, y que para nosotros era mucho mejor separarnos y llevarnos bien que estar juntos peleando como perros y gatos. Le dije que su papá y yo nos teníamos cariño pero que era imposible vivir en la misma casa nuevamente, y que los problemas personales con su padre no eran por su culpa.

La tendencia de los hijos de padres divorciados es a sentirse culpables. Empiezan a crear ideas en sus pequeñas mentes de que algo de culpa tienen ellos. Tienden a pensar que sus padres se están separando porque ellos hicieron algo mal. Es un instinto natural de protección, una manera de encubrir las fallas de sus progenitores. Si no hay una orientación adecuada, ellos crecerán con ese sentimiento de culpa que llevarán a sus futuras relaciones, porque definitivamente su mente es como una esponja: todo lo absorben, todo se les graba.

Hoy en día mi hijo y yo tenemos charlas muy amenas. Se dice fácil, pero que en aquel momento fue difícil transmitirle tranquilidad debido a que en el fondo estaba llena de sentimientos negativos hacia mi exesposo. Fue un milagro haber salvado las emociones de mi hijo sin involucrarlo.

Sólo Dios sabe la cantidad de veces que tuve que encomendarme a Él para que me diera valor y fortaleza. Tenía que seguir luchando contra mí misma, ya que en esa época quería "enviar a mi esposo por correo exprés directo al otro continente", pues nuestras peleas y desacuerdos eran continuas.

A pesar de cómo me sentía, encontré refugio en Dios. Sólo Él, el Único, fue quien me dio el valor para cruzar al otro lado del río sin salpicar mucho a mi alrededor.

No pude ocultar los frecuentes momentos de frustración, impotencia e intolerancia. En muchos momentos perdí la paciencia con mi hijo, en otros me vio neurótica y de mal humor porque realmente no sabía cómo controlar mis emociones. Pero a pesar de todo, en esos momentos también tuve la capacidad de explicarle a mi hijo que no se tomara mis reacciones como algo personal.

Actualmente mi hijo me sorprende cuando veo cómo se maneja en cada situación. No se toma las cosas de manera personal; tiene una capacidad increíble para separarse de las relaciones negativas, y si se compromete con algo lo hace sin involucrar sus emociones. Es un joven que disfruta de sus amistades sin apegarse a ellas, disfruta tanto estando solo como acompañado. Es sano, no tiene complejos ni culpas.

Para lograr ese resultado debí darme cuenta de que este proceso se vive un día a la vez. Hay que darle tiempo al tiempo. Mientras se maneja el duelo y el proceso de la separación con el padre, hay que al mismo tiempo encargarse de las prioridades. Hay que centrarse y saber poner cada cosa en su lugar, asumiendo el rol de la maternidad como lo primordial, pero reconociendo que somos humanas.

También es importante reconocer la figura del padre ante nuestros hijos, demostrándoles a ellos que los respetamos a pesar de todo. Hay que respetar la moral, la inteligencia y los sentimientos de nuestros hijos y no usarlos jamás para manipular al padre, porque cuenta como abuso infantil y los perjudica enormemente para el resto de sus vidas. Esa clase de manipulación crea heridas que quedan grabadas en su subconsciente aunque creamos que por ser pequeños no entienden. El subconsciente lo almacena todo y en la etapa adulta se proyectan esas heridas en todas las formas de relaciones humanas.

También es preciso tomar en cuenta que debemos ser muy pacientes con nosotras mismas para sobrellevar los momentos en los que la sensibilidad está a flor de piel. A medida que sanamos las emociones y aprendemos a manejarlas, es natural que en algún momento, sin querer, se escape algún arranque inadecuado de actitud frente a nuestros hijos. Pero lo importante es tomar conciencia de esta actitud lo más pronto posible y reconocer la falta ante ellos hablándoles con humildad, claridad y amor; sin dejar de realizar nuestro trabajo terapéutico para saber cómo evitar esta clase de situaciones y asumir de la manera más adecuada y asertiva el rol que nos corresponde como madres en un proceso de separación y divorcio.

veintiuno

La importancia de la madre en la educación del hijo varón

Es muy importante tomar en cuenta que no es lo mismo educar a un hijo varón que a una hija hembra.

Si bien el padre es un importante punto de referencia para los hijos en cuanto a la imagen del hombre, la madre ejerce un rol **clave en la concepción que el hijo varón hace de la mujer,** lo cual a futuro determina su manera de relacionarse con ella. Por eso es que las madres somos las principales responsables de la formación de nuestros hijos sobre en este punto específico. Pero a pesar de esa gran responsabilidad, aún no les proveemos la formación necesaria para que en el futuro ellos sean hombres respetuosos, caballerosos y considerados. Más bien, en la mayoría de los casos apoyamos conductas egoístas y alimentamos la mentalidad machista, por la cual ellos terminan pensando que la mujer está muy por debajo del hombre.

Este tipo de paradigma culturalmente programado en la mentalidad de la mujer, y que ella usa inconscientemente para educar a sus hijos varones, ha traído como consecuencia que, hoy en día, existan hombres que subestiman a las mujeres, no las aprecien, valoren, respeten ni las admiren. Todavía en estos tiempos existen hombres que creen que el sexo femenino está solamente para servirles a ellos.

También hay casos donde la madre no es buen ejemplo para sus hijos al separarse o divorciarse, pues se involucra de inmediato en una relación sin respetar los sentimientos de sus hijos. En la etapa de duelo muchas de ellas incluso se vuelven promiscuas, yendo de pareja en pareja sin percatarse de que sus hijos están percibiendo esta conducta negativa, observando y sufriendo por este tipo de comportamiento. Para un hijo la madre lo es todo en la vida; desde niños los varones son muy apegados a nosotras y a medida que crecen y toman conciencia, van sintiendo admiración y respeto; sin embargo si la madre no trabaja de una manera responsable para mantener una actitud ejemplar como mujer, si no mantiene esos lazos saludables y sentimientos de amor en sus hijos con sus acciones, ellos tristemente tienden a crear una imagen de la mujer muy negativa y de poca valorización.

Otra cosa que los marca y afecta mucho es la forma en cómo la madre se relaciona con su pareja. Hay muchas de ellas que mantienen relaciones con hombres que las maltratan física o psicológicamente, inclusive hasta los mismos padres de sus hijos. Los niños que crecen en este tipo de ambiente generalmente repetirán en su madurez el mismo patrón de conducta que vieron en sus hogares. Como consecuencia de estos ejemplos, irrespetarán a las mujeres, las mirarán como un objeto y solo las verán como instrumento para satisfacer sus instintos sexuales. Por esta razón es muy importante que nosotras, las madres de hijos varones, nos demos cuenta de la importancia de ofrecerles a ellos una buena imagen, una educación digna de respeto hacia la mujer, no solo con nuestras palabras sino con nuestras acciones, enfocándonos en brindarles ambientes saludables y trabajar en ellos la parte más importante de la vida de un ser humano: la emocional y la *espiritual*.

En mi caso personal como madre de un hijo varón, me he dedicado a enseñar e "informar" a mi hijo cuál es la naturaleza emocional de la mujer, con el fin de que este conocimiento le permita desarrollar una buena comunicación y que logre mantener en sus relaciones esa conexión tan importante con la mujer.

Nosotras somos mucho más emotivas, sensibles y vulnerables que los hombres y requerimos de más atención. Es verdad que hay excepciones a la regla, ya que muchas mujeres con el tiempo han ido diluyendo ese rasgo de sensibilidad femenina al enfocarse en desarrollar su intelecto. Aun así, en su mayoría les gusta que las atiendan, que las halaguen, que sean detallistas con ellas. Tristemente hoy en día muchos de los hombres han ido perdiendo su encanto, su caballerosidad, sus detalles, y eso es precisamente lo que yo he querido rescatar en mi hijo. Siempre le he inculcado que asuma sus más altos valores como hombre, sea cual sea la situación en la que se encuentre. Independientemente de que la mujer no se dé a respetar o que no conserve esa parte femenina, no es un asunto que él deba juzgar o criticar, así como también es necesario que siempre las respete. Lo que importa es que él sepa poner sus límites, que sea selectivo al elegir a la mujer con la que desee compartir parte de su tiempo y de su vida, enfocándose en él mismo, en su comportamiento responsable hacia ellas, para que continúe creciendo y evolucionando como persona. Pero por sobre todo, me he focalizado en enseñarle a conservar esa caballerosidad hacia la mujer y que no la pierda con el paso del tiempo.

Por naturaleza el género masculino es mucho más egoísta que el femenino y esto muchas veces no le permite ver las necesidades naturales de las mujeres. Los hombres se muestran a veces muy indolentes y faltos de consideración en sus relaciones, por eso que es **imprescindible** que trabajemos fuertemente con nuestros hijos esta área tan predominante en el varón, que ha traído tanto desencuentro y desajustes en las relaciones de pareja.

Para lograr esto también debemos darles una base, con el propósito de que sepan compartir responsabilidades: desde que son pequeños debemos incluir en la formación de nuestros hijos la importancia de valorar todo, de asumir la disciplina y el trabajo dentro de la casa como parte de su cotidianidad para que de mayores sean hombres cooperativos, colaboradores y solidarios con sus compañeras de vida; y para que también sepan valerse por sí mismos el día que se independicen, tengan pareja o no.

Mi hijo y yo compartimos tiempo de calidad, y la comunicación que logré desarrollar con él me ha permitido ser muy analítica y observadora. Logré con éxito saber educarlo como varón. La clave fue estar siempre muy atenta en corregir sus actitudes en las acciones cotidianas y no pasar por alto detalles que, a la larga, podrían convertirse en parte de su comportamiento habitual, ya que el egoísmo, por ejemplo, aunque sea natural e instintivo, puede convertirse en defecto de carácter. Tengo muchas anécdotas al respecto pero les comparto una en específico. Fue cuando su padre le regaló su primer celular, el cual utilizaba para escuchar música. Cada vez que lo buscaba al colegio, apenas se subía al carro, quitaba la música que yo estaba escuchando para poner la suya sin percatarse de que yo estaba muy feliz escuchando la radio. Le hice ver esta actitud inconsciente y tremendamente egoísta de una manera clara y asertiva, a pesar de saber lo entusiasmado que estaba con su nuevo regalo. Como mi objetivo era que se observara a sí mismo para que corrigiera ese comportamiento, lo animé a proponer soluciones. Finalmente llegamos al acuerdo de compartir el tiempo de música en el carro.

Este ejemplo se suma a muchos casos de situaciones y comportamientos egoístas de nuestros hijos en los que debemos estar alertas para corregirlos a tiempo. A la larga, si al cometer estas actitudes no son corregidas y orientadas por nosotras, estaremos contribuyendo a la mala educación y formación en nuestros hijos varones, y como consecuencia seremos las responsables de que ellos sean de adultos personas inconscientes y poco considerados con sus mujeres.

Muchos hombres hoy en día son abandonados por sus esposas o por sus novias a causa de estos comportamientos destructivos y egoístas. Incluso algunos no logran aceptar que lo son. Esta actitud negativa e inmadura no les permite verse a sí mismos porque, una vez que su personalidad se ha formado, como adultos es mucho más difícil y complicado lograr cambios positivos para madurar. La parte más triste y decepcionante de esta cruda realidad es cuando la mujer se da cuenta de que ya no hay solución, y forzosamente debe decidir separarse antes de seguir compartiendo su vida con un hombre egoísta que exige mucho y entrega poco.

En conclusión: ganarnos el respeto, la admiración y la consideración de nuestros hijos como mujeres será un logro importante de aporte a la sociedad, hombres de bien, evitaremos menos separaciones y divorcios, ya que ellos transmitirán madurez en sus relaciones el día de mañana.

veintidós

La influencia de la madre en la educación de su hija

Hoy en día, a pesar de que la mujer ha evolucionado y se ha independizado en muchas áreas, todavía siente ataduras emocionales hacia el hombre, y muchas de ellas por estos apegos y necesidades permiten que no las respeten, aprecien y valoren como debiera ser. Así como tampoco se toman el tiempo necesario para conocer mejor a su pareja.

Esta falta de autovaloración que padecen muchas mujeres hoy en día es causada por la formación que recibieron desde pequeñas. Por los mensajes de una educación casi obsoleta y culturalmente machista de sus propias madres, donde la imagen del hombre es lo más importante en el hogar, más que los hijos e incluso más que ellas mismas.

Actualmente la mujer vive una etapa de cambio de paradigmas, cuyo proceso ha creado mucha confusión en la mentalidad de la mujer. Sobre todo en las que se están divorciando y en las que están entrando en los cuarenta. Esto ha traído como consecuencia que el hombre también se sienta confuso sobre la forma de tratar a una mujer hoy en día.

Por eso es supremamente importante que las madres trabajen para obtener una buena comunicación con sus hijas, que se actualicen, se reeduquen y puedan enseñarles de una manera diferente y más acorde a los nuevos tiempos: enfocarlas para que desarrollen su inteligencia emocional, alimentar su autoestima de manera equilibrada y estimularles la confianza en sí mismas.

En mi etapa de divorcio se me hizo muy difícil cambiar esa mentalidad que tenía sobre lo "imprescindible" que era tener un hombre a mi lado para sentirme plena y completa. Este pensamiento estaba tan arraigado en mí que tuvieron que pasar muchos años para yo erradicarlo de mi disco duro. Tuve que trabajar profundamente en mis programaciones, y en hacer cambios en mis patrones de conducta con la asesoría de mi madrina para trascender y lograr pensar diferente. Pero en la actualidad muchas mujeres, a pesar de ser profesionales y tener carreras exitosas, se sienten interiormente vacías, sufren de soledad y de depresiones por esta mentalidad inadecuada que solo ha creado carencias y vacíos existenciales en las mujeres en general.

Es natural que como mujeres deseemos una pareja para compartir lo que tenemos o para formar una familia, pero si estamos solas no significa que se nos va a acabar el mundo o que la vida deje de tener sentido en otra áreas. Es importante aprender a integrar esto como un estado de conciencia desde edad temprana. Por eso el rol educativo prioritario que una madre debe ejercer en su hija es enseñarle desde pequeña que una mujer puede ser emocionalmente autosuficiente, y que en el futuro *puede ser feliz* independientemente de tener o no un hombre a su lado. A las niñas hay que orientarlas en sus estudios y ayudarlas poco a poco a descubrir cuál es su vocación y el propósito por el cual ellas están en este mundo. Una vez que identifiquen qué es lo que desean estudiar, apoyarlas a que se desarrollen realizando su carrera y formarlas a nivel espiritual, porque el ejercicio de ese aspecto de la integridad humana es *lo que realmente nos da la fortaleza para seguir adelante* a pesar de los obstáculos que se nos puedan presentar.

Pienso que hay tantas cosas constructivas por aportar y por las cuales enfocarse, que cuando me reúno con mis amistades y observo que siempre se dedican a hablar solo de hombres, de tener pareja como especial objetivo de autorrealización, es cuando más concientizo y confirmo la importancia de lograr este cambio radical de pensamiento en las mujeres.

Muchas de nosotras, como mecanismo de defensa al haber sido tan sometidas y humilladas por los hombres desde nuestros antepasados, hemos perdido el norte y no asumimos responsablemente el papel que nos corresponde como mujeres o como madres. Nos hemos ido al otro extremo sin darnos el valor que nos merecemos y que nos corresponde por el simple hecho de ser mujeres. En algunos casos hemos confundido la palabra libertad con libertinaje, perdiendo nuestros verdaderos valores y principios y queriendo igualarnos al hombre creando una mala copia de ellos. En principio es fundamental entender que, aunque nosotras hayamos logrado independizarnos, somos diferentes a ellos en muchos aspectos, sobre todo emocionalmente. Aunque pretendamos parecernos en todo, esa diferencia entre hombre y mujer es imposible de cambiar.

Yo pasé por esa etapa de confusión porque vengo de una familia "tradicional". Hubo un tiempo en que me volví arisca y muy seca con los hombres, les había perdido la admiración y el respeto. Muchos de mis amigos me lo hacían ver, pero he podido cambiarlo poco a poco asesorada por mi madrina. Ahora considero que para conectarme con ellos debo ser menos fría, menos distante, sin perder mi objetividad y mi balance, ya que estoy consciente de que muchos de ellos, con su actitud machista y prepotente, no saben ganarse la admiración y el respeto de una mujer. Cuando esto me sucede y lo identifico, conservo mis límites y el respeto, pero me aparto de ellos.

Es primordial "estar claras" en la vida y tener la paciencia para observar si tenemos cosas en común para escoger a ese hombre adecuado que queremos que comparta la vida con nosotras.

Con el tiempo, y gracias a lo que aprendí con mi madrina, empecé a entender y afianzar mi verdadero rol como mujer en este mundo: entendí la importancia de enfocarme más en mí, en mi crecimiento emocional y espiritual, así como en formarme profesionalmente. Aprendí a no abandonar mis sueños y mis metas por hombre alguno. Ahora considero que es muy importante que el hombre que llegue a mi vida disfrute y apoye lo que hago y lo que me llena; que aporte a mi vida y no que le reste, y que por sobre todas las cosas tenga la madurez y la habilidad de manejar las diferencias de una manera saludable, que tenga la humildad de reconocer e identificar sus defectos y de aceptarlos con valor para cambiarlos. De la misma manera estoy consciente de que debo de estar a la altura, emocionalmente madura, preparada para dar lo mejor de mí y ofrecer lo que en principio estoy demandando en él. Hoy en día estoy muy clara de lo que significa conservar el papel más hermoso que Dios nos ha dado: el propósito de ser mujer.

Además de reforzar la autoestima femenina desde edad temprana, también es *elemental* enseñarles a nuestras hijas a concebir conscientemente la clase de relación que se merecen y que sepan identificar al hombre adecuado para ellas. Para esto hay ciertas directrices a tomar muy en cuenta. En primer lugar, es imprescindible que, antes de iniciar una nueva relación, toda mujer sepa de dónde proviene ese nuevo hombre, y más aún si viene de un divorcio y hay hijos de por medio. Es importante conocer si ese hombre ha tenido buena relación con su madre, con sus hermanas o cualquier nexo que lo vincule con alguna mujer en su entorno familiar. Al observar detenidamente este punto tan fundamental se obtiene la clave para saber si el hombre tiene capacidad suficiente de involucrarse con una mujer de manera saludable y positiva para desarrollar una buena relación.

Por otro lado, también es importante a la hora de iniciar una relación que la mujer sepa reconocer cuándo un hombre está emocionalmente preparado y dispuesto a abrir su corazón y enamorarse. Muchos de ellos no lo están y lo que buscan es tener una simple compañía sin comprometer ni involucrar sus emociones. Cuando un hombre es constantemente superficial significa que no está dispuesto a involucrase sentimentalmente en la relación, y esto es lo que una mujer debe detectar e identificar antes de pretender iniciar un vínculo sentimental. Generalmente escucho mucho a la mujer quejarse de la falta de compromiso por parte de ellos: no están dispuestos a asumir una relación seria y es verdad que son muchos. Sin embargo, la mujer que no identifica esta situación con conciencia se involucra emocionalmente y termina pagando las consecuencias. Luego se le hace muy difícil desprenderse de esa relación porque ya está metida hasta el fondo. La pretensión irreal que muchas mujeres tenemos de pensar que con amor y cariño podemos transformar al hombre, de su frialdad o desconexión, nos va creando falsas expectativas. Esto al final nos produce mucha frustración y sufrimiento. Por otro lado, si el hombre no fue criado por su madre con el respeto a los sentimientos femeninos, si no le enseñó a hablar claro y con sinceridad desde el principio acerca de su posición, entonces se proyectan este tipo de relaciones donde ellos son evasivos y están reacios a comprometerse con honestidad desde el principio.

Conozco infinidad de casos de mujeres que están involucradas con hombres emocionalmente ausentes y no se sienten felices. Sus quejas se deben siempre a lo mismo, y aun así permanecen en esas relaciones por mucho tiempo con la esperanza de ver un cambio, ignorando el enorme vacío que sienten en su corazón.

Nosotras no tenemos el poder ni el control de cambiarlos. El hombre, si no tiene la iniciativa de transformar ciertas actitudes propias, no existe posibilidad alguna de que alguien los cambie. Definitivamente tiene que existir la predisposición y la motivación de su parte para valorar y apreciar las atenciones que una mujer les puede dar.

A diferencia del hombre, cuando las mujeres nos involucramos en una relación entregamos nuestro corazón sin ningún tipo de objetividad. Somos vulnerables a involucrarnos sentimentalmente por ser más enamoradizas. Por esta razón es tan importante aprender desde pequeñas a ser más objetivas y a manejar nuestra sensibilidad más adecuada y asertivamente. Nos toca aprender a razonar para controlar la emoción. Esto nos ayudará a ser personas más selectivas y a ver al hombre de forma más realista. *Es cuestión de prevención.* Por eso, toda mujer debe saber que el hombre por naturaleza es más objetivo con sus emociones y luce en muchas ocasiones más frío y distante, a pesar de estar involucrado en una relación.

Otro concepto equivocado que tenemos las mujeres es que ellos se enamoran al experimentar una relación sexual plena donde haya una conexión química perfecta. Esto es una fantasía, una utopía. El hombre no se enamora solo por experimentar una relación sexual espectacular. Se engancha con el contacto físico por la sensación que le produce esa química, pero no se enamora; el hombre necesita tiempo para compartir, conocer para llegar a amar de verdad a una mujer.

Lo importante es conocer al hombre y su esencia para saber lo que podemos esperar de ellos.

Hay que tener siempre en cuenta que el rol de la madre en la formación de la hija influencia notablemente en este tipo de factores. Es importante que se le informe y se le enseñe a canalizar esta sensibilidad natural de manera consciente y responsable consigo misma para que se conviertan en mujeres asertivas en su relación con el hombre el día de mañana. La madre debe enseñar a su hija el valor del auto respeto y el auto reconocimiento de modo que puedan determinar qué se merecen y qué no a través de la fortaleza que provee la autoestima. Esto les puede servir como claves para intuir el potencial de éxito en sus relaciones en general.

veintitrés

Las implicaciones de relacionarse con personas divorciadas y con hijos

Relacionarse con personas separadas o divorciadas con hijos no es tarea fácil. Esta situación requiere de un grado de madurez para entender y aceptar que se presenten situaciones externas que puedan ocasionar desacuerdos entre la pareja. Es muy importante ser capaces de manejar estas situaciones para mantener una relación estable y emocionalmente sana.

Mi experiencia no es la más ejemplar. Cuando yo inicié mi relación con el padre de mi hijo vivía en Venezuela y él tenía menos de un año de haberse separado de su matrimonio de 15 años, en el cual tuvo 4 hijos. En aquel momento yo no tenía la madurez suficiente para entender bien las cosas, no miré el grado de importancia que tenía para mí involucrarme en una relación con un hombre que tenía hijos, y tampoco lo que significaba para ellos dicha unión. A todas estas yo vivía en otro país y no podía percibir el tamaño de responsabilidad que requería estar en una relación tan compleja.

Cuando uno se involucra con una persona que tiene hijos es muy importante observar el tipo de relación que tiene con su exesposo(a), si es buena, madura, y si se llevan bien. Es indispensable ver si ambos han logrado superar la etapa más dura de la separación, como la costumbre o los apegos, resultados de haber compartido juntos por tanto tiempo. Hay que saber si ese ciclo está realmente cerrado porque, en definitiva, es necesario superar esas etapas de apegos para poder iniciar una nueva relación. Sobre todo si todavía están en proceso de negociación, tanto de compartir los días con los hijos cómo la parte económica; estos son lazos que los siguen uniendo por una razón o por otra. Cada caso es distinto. Que ambas partes se adapten a una nueva forma de vivir dependerá de la habilidad que tengan para manejar situaciones de manera inteligente y madura. Esto influenciará de manera notable si entran en una nueva relación y estos ciclos no están bien cerrados.

Por eso mi empeño en informar y concientizar a los recién separados en que es supremamente necesario darse el chance de vivir completamente la etapa de duelo antes de relacionarse con alguien más. Hay que cerrar bien los ciclos del pasado, así como prepararse y adaptarse a una nueva forma de vivir para ellos y para sus hijos.

Es muy delicado iniciar una relación con hijos ajenos, ya que ellos su educación o costumbres diferentes pueden chocar con la nuestra, y esto puede debilitar una relación aunque queramos permanecer en ella.

Yo lo experimenté más de cerca cuando me mudé de mi país y me casé. Los hijos del primer matrimonio de mi esposo todavía no habían superado la separación de sus padres, porque en definitiva para sobreponerse a esta situación era necesario mucho más tiempo del que a ellos les fue dado. Por esta razón ellos sufrieron cuando mi exesposo y yo nos casamos, convirtiéndose en una etapa muy triste para ellos. Yo en esa época no estaba consciente de lo que estaba pasando, y sin embargo traté de dar lo mejor de mí para ganarme su confianza, aceptación y respeto. Ellos fueron siempre buenos chicos conmigo, a pesar de estar experimentando el rompimiento de su hogar y de verse obligados a asimilar rápidamente una nueva situación para la cual no estaban realmente preparados. Presenciar y vivir esta situación me causó mucha tristeza.

Después de lo que experimenté en mi matrimonio aprendí la importancia de respetar las etapas de duelo y los sentimientos de nuestros hijos. Por eso cuando yo me separé y mi hijo todavía era un niño, siempre evité involucrarlo en mi vida personal. En todo momento pensé que únicamente le presentaría a alguien el día que yo consiguiera a esa persona especial con la que elegiría compartir mi vida, luego de estar realmente segura de que mi hijo estuviera realmente preparado para asimilarlo. Mientras eso no sucediera, nunca me interesó presentarle a nadie a pesar de que tuve algunos intentos de relación. También fue primordial para mí que pasara el tiempo suficiente para sanar las heridas y superar el rompimiento de mi familia, para estar dispuesta a abrirme a una nueva relación.

Mi exesposo se volvió a casar y yo he tratado de mantenerme al margen de su relación y respetar su espacio evitando cualquier tipo de acercamiento, a excepción de que sea necesario comunicarnos por el interés que tenemos en común: nuestro hijo.

Siempre estuve consciente de comportarme de una manera madura y de no ocasionar daño a su relación indirectamente, a pesar de que a veces tuvimos diferencias en la manera de educar a nuestro hijo.

Sin embargo existen muchas exesposas que le hacen la vida de cuadritos a sus exesposos cuando rehacen sus vidas; ya sea por celos, resentimiento o venganza, manipulan con los hijos y no les permiten ser felices en sus nuevas relaciones, cosa que también afecta a sus respectivas parejas. Si, por el otro lado, la nueva mujer no tiene inteligencia emocional suficiente, puede que inconscientemente no sepa manejar la relación con nuestros propios hijos de manera adecuada. Todo lo que tenga que ver con las relaciones genera situaciones muy complejas y hay que estar preparados para manejar la relación con el excónyuge, con la nueva pareja y con los hijos, en caso de haber.

Por eso la importancia de vencer el miedo a la soledad y a los apegos que no nos permiten disfrutar de nuestra soltería y nuestro proceso de duelo por un divorcio o separación. En primer lugar hay que aprender a estar solos de una manera saludable, porque buscar compañía desesperadamente para huir de la soledad no es bueno para la salud mental ni emocional.

Cuando conocemos a alguien separado o divorciado que tenga hijos, es muy importante averiguar cuánto tiempo le llevó ese proceso, y si es reciente: "alerta roja". En mi experiencia personal y como *coach* les puedo asegurar que en un 99,9% difícilmente puede tener éxito ese tipo de relación cuando la separación es reciente. La persona que llega libre a la vida de otra que se está separando casi siempre queda relegada a un segundo plano, ya que requiere de espacio y tiempo para resolver las diferencias y los problemas que se presentan en un proceso de separación. La adaptación a un nuevo estilo de vida toma su tiempo y la persona recién separada, que aún está enfocada en resolver dichas situaciones, no puede ofrecer la atención necesaria que amerita estar en una nueva relación, por más ganas y entusiasmo que le quiera poner.

Esta etapa de adaptación de la familia que se está separando de alguna forma u otra siempre afecta a la nueva pareja. Aunque esté ajena a todo y trate de **no** inmiscuirse la misma situación la involucrará, a pesar de que ella luche por evitarlo.

Un consejo sabio y asertivo es que una persona que apenas esté iniciando una separación no es candidata ideal para elegirla como pareja; mucho menos si hay hijos de por medio. Es difícil que este tipo de relación funcione porque el que se está separando no podrá ofrecer el 100 por 100 de su tiempo y energía hasta que no finalice y corte cualquier tipo de nexo a nivel emocional con la expareja. No es para nada conveniente, no solamente porque se sufre junto con ellos esas etapas tan difíciles de adaptación a los cambios, sino también porque se corre el riesgo de ser utilizado como tabla de salvación para adormecer el dolor o sufrimiento que ellos estén experimentando, como los puede causar la disolución de un hogar. Para evitar este mal trago, muchos de los que atraviesan un proceso de separación inconscientemente se proponen evadirlo involucrándose en nuevas relaciones; en muchos casos sucede que terminan abandonando a su pareja de turno, sea porque decidieron volver con su expareja o simplemente por no haber superado esa etapa de separación.

Por nuestro propio bien, por el de ellos y el de sus hijos, es mejor abandonar la idea de acercarse a un candidato bajo este perfil y circunstancias. Es mejor prevenir que lamentar.

veinticuatro

El resultado de ser padres perseverantes y persistentes formando a nuestros hijos

Una de las acciones que nos corresponde asumir en nuestro rol de padres es estimular a nuestros hijos, manteniéndonos enfocados en detectar sus habilidades e inclinaciones vocacionales y buscar todos los recursos disponibles que ayuden a desarrollarlas.

Durante el tiempo que estuve enfocada en sacar adelante a mi hijo pude darme cuenta de que a veces los resultados de nuestro esfuerzo como madres no son inmediatas; hay que ser persistentes y constantes, cosa que requiere de buena voluntad y ganas de hacerlo. Mi motivación era mi hijo, por él saqué en muchos momentos el valor y la fortaleza para continuar en esta gran labor.

En mi método particular como mamá siempre he estado muy pendiente de estimular a mi hijo para que cultive su intelecto. Cuando era pequeño me dediqué a descubrir cuáles eran sus materias favoritas pues quería que desarrollara el máximo de sus potencialidades. Supe muy pronto que Historia y Geografía eran las materias que más le llamaban la atención y que sus inquietudes se inclinaban hacia los temas humanísticos. Eso era lo que a él desde siempre le ha apasionado aprender.

Aprovechando estos intereses me dediqué a comprarle documentales históricos, biografías de presidentes y de personajes importantes. Su padre le regaló programas de computación para armar los continentes, y fue gracias a estos videojuegos que descubrió lugares y ciudades que aparecen como un pequeño punto en el mapa, desconocidos para muchas personas, y aprendió también sobre los recursos para el desarrollo económico de cada país. De esta forma mi hijo ha llegado a conocer cada rincón del mundo y sus conocimientos en economía y geografía se han ampliado muchísimo. Parte de la motivación que hoy en día posee de querer estudiar economía es debido a esos videojuegos educativos. A medida que iba adquiriendo conocimientos sobre lo que lo apasionaba, más se fue despertando su curiosidad y su deseo de seguir aprendiendo. Por eso siempre se ha esforzado en investigar y leer por internet, enfocándose en información relacionada a estas materias. Gracias a esta dinámica se le fue revelando su propósito de vida, el cual yo le he ayudado a reforzar, y hasta el día de hoy se ha mantenido con la misma idea y motivación de estudiar Ciencias Políticas y Economía.

Una de las personas que influenció a mi hijo de manera positiva en el transcurso del *middle school*, fue su profesora de Cívica, la Sra. Mazziati. Más adelante mientras cursaba el *summer camp* en el Riverside, tuvo la suerte de coincidir con un excelente profesor de Economía.

En el verano de 2013, con la motivación y ayuda económica de su padre asistió a una de las mejores universidades en Washington DC: *Georgetown University*, donde tuvo la oportunidad de estudiar Economía y Gobierno con excelentes profesores. Cada una de estas experiencias lo ha mantenido inspirado en su vocación.

Actualmente participa en una banda musical, gracias a que aprendió a tocar batería con constancia y disciplina, asistiendo a sus clases de música semana tras semana. También es cinturón negro en Karate y practicó la natación y el tenis por un tiempo.

En fin, el resultado de mi constancia en darle a mi hijo orientación para que descubriera sus intereses intelectuales y sus habilidades particulares ha sido tremendamente exitoso. De esta manera conseguí que hallara sus fortalezas y destrezas en cuanto a desarrollar sus principales intereses por sí mismo, logrando que a una temprana edad estuviera claro de cuál es su propósito de vida a nivel profesional, conectado con su parte espiritual.

Por la Gracia de Dios y por mis ganas de hacer las cosas bien, mi hijo a su corta edad está muy claro de lo que quiere de la vida y lo que desea aportar en la educación. Con el tiempo descubrí que es economista por naturaleza y hoy en día reconoce claramente cuál es su pasión, "lo que siempre lo mantiene motivado y con ganas de seguir cultivándose". Para mí como madre, y luego de toda la experiencia que he tenido luego de mi separación, representa un gran logro ver que mi hijo desde su adolescencia está conectado con el presente enfocado en su visión de futuro mientras trabaja por ello al desarrollar todas sus potencialidades.

Mi esfuerzo y dedicación por lograr resaltar en mi hijo sus dones espirituales y porque encuentre su vocación, fueron motivados por mi propia experiencia como adolescente. A pesar de que vengo de unos padres responsables, siento que me faltó esa guía y orientación con respecto a descubrir a tiempo mi propósito o vocación profesional. Mi padre se limitó a proveer la economía en casa y mi madre se enfocó en que estuviéramos siempre impecables, con la comida a su hora, y en enseñarme a colaborar con los quehaceres del hogar. Ellos asumieron su rol de acuerdo a los patrones con que ellos también fueron educados, pensando siempre que estaban haciendo lo mejor. Sinceramente considero que esos patrones son parte fundamental de la responsabilidad que debemos asumir nosotros los padres en la educación de nuestros hijos; sin embargo, a pesar de que por ese lado los míos cumplieron a cabalidad con la suya, siempre en mi interior sentí que algo me faltaba. Hoy por hoy tras la experiencia con mi hijo, me di cuenta de que era esa falta de orientación con respecto a mis intereses personales y vocacionales lo que creó ese vacío, desencadenando en mí mucha inseguridad en la época de mi adolescencia. Debido a esa falta de guía y motivación siempre estuve confundida con respecto a lo que realmente quería estudiar. Sumado a esto, cuando me gradué de bachillerato hubo una compañía muy importante en la industria textil que me descubrió como modelo y me contrataron con el fin de realizar una campaña para lanzar su nueva colección. Esa campaña publicitaria era un lanzamiento muy grande ya que incluía catálogo, medios impresos y televisión. Inclusive trajeron modelos de otros países. Recuerdo perfectamente el día en que negocié mi contrato con ellos, y cuando me dijeron la suma que iba a recibir por esta campaña casi me desmayo. Realmente era muchísimo dinero para aquel entonces y eso me deslumbró por mi corta edad. Sin embargo no estaba segura de lo que quería estudiar y me sentía muy perturbada de no haber descubierto aún mi vocación. Esto me llevó a cambiar de estudios universitarios en varias ocasiones. Mientras continuaba mi trabajo como modelo profesional, estaba muy confundida pues no lograba dilucidar mi verdadero propósito de vida y esto realmente resultó ser la causa de una época **muy inestable** para mí.

En un principio me interesó estudiar Derecho porque quería ser abogado penalista, pero al año de estudiar en la Universidad Santa María en Caracas, Venezuela, cambié de carrera y me dispuse a estudiar Mercadotecnia en el ISUM. Al terminar el semestre decidí cambiar de profesión nuevamente y me inscribí en un Instituto que ofrecía la carrera de Publicidad y Mercadeo. Habiendo cumplido los semestres exigidos tenía que enfocarme en desarrollar el trabajo final para finalmente graduarme y obtener mi diploma, pero no logré entregar mi tesis a tiempo. Siempre traté de alternar mi trabajo como modelo y mis estudios universitarios hasta que llegó un punto en que era imposible conservar ese balance y continuar de esa forma. Por eso tomé la decisión de retirarme de las clases antes de culminar mi carrera. Era tanto el dinero que ganaba que tuvo más peso la decisión de continuar trabajando como modelo que seguir estudiando, aunque siempre tuve la idea y la ilusión de que un día retornaría a mis estudios.

En esa época fui una de las más famosas y prestigiosas modelos, viajé en varias ocasiones a México y tuve la oportunidad de conocer Europa, y diferentes países como Colombia, Puerto Rico, República Dominicana y muchos más. Siendo tan joven ganaba muchísimo dinero, firmaba un contrato tras otro y no paraba de trabajar; sin embargo, a pesar de mi poca madurez emocional, en el fondo yo sabía que esto tenía un lapso de tiempo pues estaba consciente de que el modelaje era una carrera efímera. Este pensamiento continuamente me atormentaba, sabía que no tenía una carrera que me respaldara el día que todo esto terminara.

Fue muy duro empezar a darme cuenta de que ya no me llamaban como antes, pues mi imagen estaba tan saturada en los medios publicitarios que ya no había producto ni empresa que le interesara contratarme para trabajar conmigo. Por otro lado, tampoco tuve la oportunidad de recibir guía sobre cómo controlar mis gastos. Mientras estuve en el cénit de mi carrera como modelo ganando tanto dinero, no tenía medida a la hora de racionalizar mi manera de gastarlo. Cada vez que podía, lo "invertía" en viajar muchísimo y quedarme en excelentes hoteles con tarifas de lujo. Fue una época muy linda que disfruté bastante, pero con muy poca conciencia. Ahora reconozco que con mucho más cabeza hubiera podido ahorrar lo suficiente para invertir en propiedades o en algún negocio que en el futuro me pudiera respaldar económicamente. Sin embargo no lo supe hacer en su momento, no tomé en cuenta esas alternativas por mi falta de madurez y, sobre todo, por la falta de orientación de mis padres, de gente mayor con experiencia que me enseñara a formar mi propia visión de futuro. Ellos estaban contentos con lo que yo hacía pero cada quien estaba enfocado en su propia vida. Como nunca intervinieron en nada, esa falta de interés que yo percibía por parte de mis padres en mi época estudiantil más que ayudarme me desmotivaba.

En mis mejores momentos nadie me dio consejos que me ayudaran a alcanzar una visión más consciente de mi realidad a futuro para hacer de mi éxito algo sustentable cuando se cerrara mi ciclo en el modelaje. Por esa razón pasé por una de las etapas más traumáticas en mi vida al llegar el día en que asimilé que estaba quebrada y sin profesión alguna. Terminar con las manos vacías, pensando qué sería de mí y de mi futuro como profesional, fue lo que me hizo experimentar una profunda confusión. Luego de haber tenido tanto por mi propia cuenta estaba sin saber qué hacer, y sin ganas de retomar mis estudios para concluir lo que había dejado atrás. Me sentía tan desolada sin saber cuál era mi propósito de vida que no le conseguía sentido a las cosas que hacía, lo cual me llevó a tocar fondo para reimpulsarme, por decirlo de alguna manera. Con el tiempo y por la gracia de Dios, que nunca nos falla ni abandona, se encendió una luz en mi mente. A pesar de mi estado de depresión por mi falta de motivación, se me vino una idea creativa y decidí asociarme con una amiga para montar una productora de casting y agencia de modelos internacional. Aprovechando todos mis contactos y amistades que fui cultivando en todos estos países a los que viajé en mi época de modelaje, me dispuse a trabajar arduamente con mi amiga y poco a poco nos empezó a ir muy bien. Tanto que mi empresa fue reconocida como una de las mejores agencias y productoras de casting en Venezuela promocionando y exportando modelos para trabajar a nivel internacional. Este emprendimiento me levantó el alma y la autoestima en su momento pues realmente nos iba muy bien; aun así, en el fondo siempre me atormentaba la idea de que no poseía título de ninguna profesión. Además sentía que algo faltaba dentro de mí debido a que seguía sin descubrir cuál era mi vocación y mi verdadero propósito de vida.

Esta sensación de vacío es la que yo quise evitar en mi hijo con respecto a la búsqueda de su propio propósito y vocación profesional. Con el tiempo aprendí mucho sobre cómo este punto tan esencial en una persona influye de manera importante en su vida; por eso ahora puedo dar fe y testimonio de que sí se puede prevenir que nuestros hijos sufran de largas etapas de letargos y de confusión. Naturalmente pueden venir momentos de dudas o de desmotivación, porque eso es parte de todos los procesos humanos, y en algunos casos requerirá de más tiempo para descubrir y afianzar su propósito en este mundo. Se necesita paciencia y perseverancia; una vez que ellos logren fortalecer sus bases, esa sensación de vacío no permanecerá por mucho tiempo en ellos. Aunque en un futuro como adultos tomen decisiones importantes sobre cambios profesionales en sus vidas, lo harán con conciencia. Por eso hoy más que nunca estoy convencida de que si nos enfocamos como padres en ser constantes en apoyarlos, ayudarlos y orientarlos desde su niñez, los beneficios serán incalculables.

Esta gran labor dedicada a la educación, orientación y formación de mi hijo para enfocarlo en lograr sus mejores resultados ha sido en definitiva la mejor inversión de mi vida.

veinticinco

El verdadero amor
de una madre responsable

La mayoría de las mujeres o madres recién separadas tenemos tendencia a enfocarnos obsesivamente en el comportamiento de los exmaridos, y esto no nos permite dirigir adecuadamente las necesidades de nuestros hijos.

Es muy fácil y frecuente que este comportamiento nos haga caer en una competencia de poder y control. Nos obsesionamos en tratar de cambiar la manera de pensar de los padres. Si ellos no tienen una conciencia clara de lo que significa estar presentes en la vida de sus hijos, o de cubrir con cariño el sufrimiento de ellos, no podemos modificar su conducta porque simplemente no tenemos ese poder sobre ellos.

Si un padre no reacciona a los mensajes que enviamos o a las acciones que tomemos en favor de los chicos, lo mejor será abandonar la tarea y dedicar nuestra energía a quien más la necesita: nuestros hijos. De alguna manera mágica el soporte emocional que demos a esos ángeles que no nos pidieron venir al mundo será también alivio para nosotras que generalmente no contamos con apoyo.

Sin pensar más en lo que mi exhacía o dejaba de hacer, centré mi energía en mi hijo. Estaba tomando más conciencia, era importante sentirme segura de que podía ser un sólido pilar para él. Me encontraba sola y sin pareja y esto me ayudó muchísimo a priorizar mi calidad de tiempo en educar a mi hijo y acompañarlo en su proceso.

Sé que existen casos de madres que se saben organizar y cuentan con el apoyo de sus exesposos, pero no todos los casos son iguales. También ocurre que hay muchas mujeres con capacidad de manejar muy bien su tiempo y sus prioridades por sí mismas. En mi opinión personal, si este no es el caso es mejor quedarse solos para cumplir con las necesidades de nuestros hijos sin sentir que esto es un sacrificio, porque lo hacemos de corazón.

Hay muchas madres profesionales exitosas, trabajadoras, que necesitan organizar su tiempo porque su profesión demanda atención de más de ocho horas diarias. Inclusive si estamos en una relación de pareja es importante priorizar la educación y calidad de tiempo de nuestros hijos, más cuando ellos son pequeños. Si nos encontramos involucrados en una relación es necesario que nuestras parejas entiendan y comprendan la importancia que tiene para nuestros hijos nuestra atención, y dejarles bien en claro desde un principio dónde tenemos enfocada nuestra prioridad. Cuando dedicamos nuestro tiempo a los pequeños se disipa cualquier sentimiento de culpa que puedan desarrollar por una separación o divorcio, siempre y cuando actuemos por y para su bienestar integral.

Es necesario evaluar qué tan preparados estamos para iniciar una nueva relación teniendo hijos, sobre todo cuando están pequeños porque una nueva relación siempre demanda tiempo y energía. En muchos casos inclusive hasta en la parte económica estar involucrados en una relación implica responsabilidad. Es imprescindible reflexionar a conciencia el modo en que podamos equilibrar nuestro espacio con nuestros hijos, el trabajo y todo lo demás. Es lo mejor que podemos hacer, pues solo siendo honestos con nosotros mismos seremos capaces de tomar la decisión más adecuada en base a una realidad que a la larga traerá sus consecuencias. Todas las decisiones y acciones que asumamos repercutirán en el futuro según sea la calidad de estas elecciones. Nuestro principal deber de madres es pensar en proporcionarles salud emocional. Por eso tenemos el compromiso de concebir la entrega a nuestros hijos como un elemento fundamental en nuestra escala de prioridades. Sin duda vale la pena dejar de lado todo por ellos mientras dependan de uno, y hasta que sean capaces de valerse por sí mismos. El tiempo pasa rápido y realmente son etapas cortas; finalmente ellos crecerán y algún día dejarán de vivir con nosotros.

Este es el verdadero amor responsable de los padres; *anteponer las necesidades personales por nuestros hijos requiere de madurez* y de una conciencia clara de que, en la vida, los hijos y su salud mental y emocional son para nosotros la prioridad suprema en nuestra escala de valores.

La recompensa es la paz que se siente al saber que estamos en el camino correcto y no se siente culpa, ni presión. En definitiva, hacer las cosas bien nos trae paz, y la paz no tiene precio.

veintiséis

La importancia de desarrollar
la inteligencia emocional en nuestros hijos

Logré el desarrollo de la inteligencia emocional de mi hijo teniendo mucha comunicación con él de una manera sincera y honesta, siempre bajo el asesoramiento de mi madrina. Pero a la vez que era honesta, también fui prudente en cómo me comunicaba con él en cada etapa de su vida.

En la época de separación mi hijo tenía apenas 7 años de edad y hacía siempre preguntas que necesitaban de ser aclaradas y respondidas. Al yo estar bien guiada por mi madrina aprendí a comunicarme correctamente con él, logrando ganarme su confianza y respeto.

Mi hijo pasó por muchas etapas de miedo y confusión y yo siempre estuve allí para apoyarlo. Quería que se sintiera protegido por mí, quería expresarle mi amor y soporte. Gracias a esto conseguí que alcanzara la seguridad y confianza en sí mismo que hoy en día posee.

Lograr que nuestros hijos crezcan emocionalmente saludables *es lo más importante de su educación*. Pero se requiere de mucho tiempo y dedicación, como también mucho trabajo interior con nosotras mismas. El dedicarnos a crecer integralmente como madres, el lograr nuestra propia fortaleza espiritual y nuestra propia inteligencia emocional es clave. Nosotras somos la raíz de nuestros hijos y por lo tanto, si la raíz se mantiene sana, así serán los frutos.

El desarrollo de la inteligencia emocional, nos adiestra en el manejo de las emociones. Aprendemos cómo aceptar y superar la tristeza, las frustraciones y las decepciones. Nos aporta herramientas para solucionar muchos conflictos del pasado, cerrar ciclos para avanzar y poder evolucionar en el presente. Nos ayuda a llevarnos bien con las personas que nos rodean, ser sinceros sin ser hirientes, manteniendo la calma en momentos de presión, así como nos ayuda a desarrollar la sabiduría para manejar situaciones difíciles con una actitud realista y positiva. *La comunicación asertiva es un rasgo clave de la inteligencia emocional.*

Lo positivo de aplicar el Desarrollo de la Inteligencia Emocional, en nosotros mismas y en nuestros hijos, es que con ello se adquiere la capacidad de tener dominio sobre sus emociones de forma razonable sin llegar a ser represivas.

Reprimir los sentimientos consiste en *no reconocerlos* y por ende no saberlos manejar. Esto crea reacciones exageradas ante eventualidades que no se pueden controlar. Es como vivir en una olla a presión que en cualquier momento puede estallar, y cuando estalla afecta a todos los que están alrededor. Pero también hay que tomar en cuenta que reprimir sentimientos y emociones afecta el sistema nervioso.

Las emociones tienen una gran carga de energía: saber drenarlas adecuadamente ayuda a transformarla sin que afecte la salud física. Se ha comprobado que de allí se genera gran cantidad de enfermedades. Es vital tomar esto muy en cuenta, sobre todo con los niños ya que ellos tienden a somatizar sus emociones y a convertirlas en síntomas fisiológicos. Por eso canalizar la energía emocional de nuestros hijos concientizándolos por la vía de la comunicación es de importancia integral.

Hay un gran número de libros que ofrecen técnicas para aprender a comunicarnos de manera asertiva. En principio se debe trabajar con las emociones ya que estas son las encargadas de controlar los impulsos. Se requiere de atención profesional para sanar la condición de *disfunción familiar* y la *negación* que generalmente la acompaña. Es la única manera de hacer cambios importantes y definitivos que beneficiarán el bienestar de toda la familia.

La dedicación a los hijos no siempre da resultados inmediatos. Es muy importante ser tan perseverantes como consecuentes, tener buena voluntad y ganas de hacer lo necesario para lograr los objetivos.

Antiguamente se pensaba que era suficiente dar a un hijo alimentación, bañarlo, vestirlo y ofrecerle buenos estudios. Hemos ido evolucionando hasta darnos cuenta de lo importante que es la comunicación con ellos. Me refiero a la comunicación positiva: escucharlos para conocer cuáles son sus inquietudes y necesidades, rodearlos de un ambiente tranquilo y enseñarles a identificar sus sentimientos para que aprendan desde temprano a reconocer y manejar el miedo, la ira y la tristeza.

Cuando los niños tienen miedo nuestra obligación es hacerlos sentir protegidos. Ellos crecerán con mayor o menor seguridad en sí mismos dependiendo de cómo expresemos nuestro apoyo. Como niños seguros de sí mismos al ser mayores tendrán la capacidad de relacionarse mejor y escoger a sus amistades con más cuidado.

En la actualidad es altísimo el índice de abandono emocional que existe por parte de los padres hacia sus hijos por falta de tiempo suficiente para compartir en familia. Eso influye en la elevada tasa de delincuencia juvenil, en el aumento de jóvenes envueltos en drogas y alcohol y en la desorientación escolar, lo que implica una ausencia de metas posteriores a la graduación de secundaria. Pero estos no son problemas exclusivos de los hijos con padres divorciados; ocurre también entre familias que permanecen juntas, pero que por no estar conscientemente unidas se desencadenan estas distorsiones.

Hay estudios en los que se ha comprobado que los hijos de padres divorciados tienen mayor riesgo de divorciarse en el futuro, así como tienen tendencia a pasar por la crisis existencial de no saber realmente lo que quieren como propósito de vida. Por eso, cuando el hijo crece seguro de sí mismo es más propenso a tener clara su vocación. Su evolución personal y profesional hasta convertirse en un ser exitoso depende en gran parte de nosotros. Como padres debemos tener conciencia de cuidar la calidad de tiempo que les concedemos: darles el amor que necesitan y apoyarlos siempre en todos los aspectos desde que inician su vida. Conocer a un hijo es poder desarrollar sus aptitudes y conseguir que se conecten con su espiritualidad; entonces la confianza también formará parte de su vida emocional saludable.

El desarrollo de la inteligencia emocional genera habilidades de autoconocimiento como la conciencia propia, la motivación y gestión emocional, y habilidades externas como la empatía y la destreza social que engloba aptitudes relacionadas con la popularidad, el liderazgo y la eficacia interpersonal.

Como Daniel Goleman lo resume:

Es la empatía, la expresión y comprensión tanto de nuestros sentimientos como de los ajenos, el control de nuestro carácter, la independencia, la capacidad de adaptación y de resolver problemas, la persistencia, la simpatía, la amabilidad y el respeto son las cualidades básicas que debería tener una persona para lograr la felicidad.

Inteligencia emocional vs. coeficiente intelectual

"El desarrollo intelectual y el éxito profesional no siempre van acompañados de la Inteligencia Emocional".

Me he dedicado a aclarar en este capítulo la importancia de diferenciar entre el *intelecto y la inteligencia emocional*. Muchas mujeres y madres se involucran o se han involucrado con hombres profesionalmente exitosos porque piensan que esto representa el grado de su inteligencia *en todos los aspectos*. Pero esto en muchos casos está lejos de la realidad. Hay montones de personajes "exitosos" que no están en condiciones de mantener relaciones saludables. Muchos de ellos, aún siendo líderes profesionales, como padres de familia no tienen la capacidad emocional para manejar su grupo familiar. También carecen de un orden que les permita educar bien a sus hijos. Por el contrario, la influencia que ejercen sobre ellos es mayormente negativa.

La mujer no está exenta de esto. Por su propia naturaleza es más propensa a sufrir de vacíos emocionales, y aunque también pueda poseer un alto coeficiente intelectual o ser muy buena en su profesión, no significa que ha desarrollado plenamente su inteligencia emocional.

Hasta no hace mucho sólo se tomaban en cuenta las aptitudes académicas y el CI (coeficiente intelectual) para valorar a una persona, pero estudios realizados durante la década de los ochenta por los psicólogos Mayer y Salovey han demostrado que los modelos tradicionales no eran suficientes para captar todas las destrezas y habilidades de la inteligencia humana. Por tales resultados se creó el concepto de "inteligencia emocional". Posteriormente, en 1995, Daniel Goleman hizo popular este concepto a través de sus columnas periodísticas. Finalmente publicó el libro titulado *Inteligencia emocional,* en el cual expone un número de investigaciones y enfoques existentes, ampliando la definición con rasgos y cualidades que dieron lugar a distintos modelos. En su libro Goleman propone que las personas más brillantes con un alto CI pueden manifestar pasiones desenfrenadas.

Hace algún tiempo tuve una experiencia increíble. Conocí a un hombre muy atractivo con un intelecto altísimo y una excelente memoria. Era un hombre realmente brillante, carismático y profesional, con un doctorado en Leyes. Cuando lo conocí me llamó mucho la atención y le acepté algunas invitaciones, pues era muy interesante y entretenido conversar con él y la pasábamos bien. Aun así, con el tiempo y con unas salidas más lo fui observando y me di cuenta de que tenía ciertas reacciones un poco exageradas. Recuerdo una vez cuando llegó de un viaje y lo pasé buscando en mi carro para ir a cenar. En esa época yo era adicta al cigarrillo y encendí uno en su presencia. Él no fumaba y su reacción al rechazar el humo fue tan exaltada y exagerada que yo quedé en shock. Mi impulso inmediato fue lanzar el cigarrillo por la ventana, y a la vez trataba de controlarme para no mandarlo a rodar en ese mismo instante. Su reacción fue tan irracional e inmadura que de plano tomé la decisión de no verlo más. Me di cuenta a tiempo que no tenía la habilidad para manejar sus emociones. Gracias a esta experiencia y algunas otras más, tomé conciencia y entendí que es muy importante tomar en cuenta este tipo de reacciones y poner los límites a tiempo.

También se ve muy a menudo en los ambientes de trabajo que dueños de empresas, jefes o superiores con unas mentes "brillantes", por no poseer control de sus emociones, son irrespetuosos con sus empleados. Son personas neuróticas, muchos de ellos soberbios y charlatanes con un nivel muy bajo de tolerancia. Personas abusivas y explotadoras que, al no haber trabajado en sus emociones, tienen sus defectos de carácter a flor de piel. Se les activa la envidia, la avaricia, las ambiciones desmedidas, la falta de consideración por la gente que los rodea y todos sus complejos, creando de esa manera un ambiente hostil donde no existe la motivación. Esta clase de personas limitan las aspiraciones de muchas otras, como empleados con excelentes potenciales que tienen la oportunidad de crecer profesionalmente y que, tristemente, continúan trabajando en esos ambientes negativos llevados por la necesidad.

Muchas personas reconocidas por sus éxitos profesionales, como abogados, políticos, escritores, artistas, etc., a pesar de ser "brillantes" y poseer ese gran coeficiente intelectual que los destaca, son *inmaduros emocionalmente*. Esta condición limita su capacidad de lidiar con las diferencias que existan dentro de sus relaciones. Con el tiempo me fui informando y también descubrí que pueden sufrir de condiciones mentales o psiquiátricas como depresión, neurosis, bipolaridad, etc. Incluyo también a los que padecen de algún tipo de adicción como el alcoholismo o la drogadicción, es decir que sufrir de algún tipo de adicción o condición, no impide que la persona posea un CI brillante, pero si son impedimentos para desarrollar en muchos casos la inteligencia emocional.

En el caso de Ernest Hemingway (1899-1961), Premio Nobel de Literatura en 1954, se le reconoce por tener una fabulosa capacidad creativa y narrativa, pero su carácter nostálgico lo condujo al alcoholismo. Ejemplos como estos son incontables en personajes destacados de la historia contemporánea. Tener conocimiento de estos conceptos nos permitirá escribir una mejor historia como madres, ayudando a que nuestros hijos puedan desarrollar su inteligencia emocional para crear una mejor historia en su futuro.

Segunda Parte

"Mi pueblo padece por falta de conocimiento". Oseas, 4:6

En esta segunda parte del libro es de mi especial interés exponer las diferentes condiciones y disfunciones que afectan a las personas y sus relaciones, tanto personales como familiares, con la finalidad de brindar la información necesaria para que las conozcan y puedan identificar si las padecen, y que de esta manera puedan tomar las medidas necesarias para recuperarse emocional y psicológicamente.

En los próximos capítulos expongo algunas de las disfunciones más importantes y comunes que existen en la actualidad y que aquejan e impactan a miles de familias y a una sociedad completa.

En mi experiencia personal, al haber tenido la oportunidad de conocer a la Sra. Mayra López, gran terapeuta profesional, aprendí a identificar en mí y en mi entorno familiar algunas de estas disfunciones. Gracias a esto pude enfocarme en mi desarrollo personal tanto a nivel emocional como espiritual para superarlas. Luego con mis estudios en adicciones al alcohol y drogas y mi especialización como *Life Coach*, más mi trabajo en el área de dependencias emocionales, he podido detectarlas e identificarlas en las personas que las padecen. Estas provienen en su mayoría de dogmas culturales y muchas programaciones. Con toda esta experiencia me he dado cuenta cómo estas condiciones o disfunciones impactan de manera negativa en nuestra salud mental y emocional.

Según la Organización Mundial de la Salud (OMG), el 95% de la población sufre de codependencia o de algún tipo de neurosis.

La neurosis, la codependencia y el alcoholismo son algunas de las condiciones o enfermedades psicosociales más fuertes y comunes que existen, pero que difícilmente se detectan, transformándose en comportamientos disfuncionales naturalmente aceptados en nuestra sociedad. Dichos comportamientos afectan a millones de personas y a familias enteras pasando de generación en generación, influyendo en la conducta de manera negativa por no ser oportuna y debidamente detectada por quienes las padecen. Por esta falta de conocimiento, muchos padres y madres de familia terminan mal llevando un divorcio o dañando la salud emocional y mental de sus hijos o sus relaciones en general.

Padecer alguna de estas disfunciones nos impide saber afrontar o lidiar saludablemente con los problemas y situaciones difíciles que se nos puedan presentar día a día. Muchas parejas conviven o se separan con remordimientos, sentimientos de culpa y baja autoestima, cargando responsabilidades que no les corresponden y profundos vacíos existenciales, que muchas veces culminan en depresión. Aun así pretendemos permanecer en relaciones dañinas pensando que con nuestro amor tenemos el poder de cambiar al otro, confundiendo amor con apego, sin poder detectar que se está conviviendo o compartiendo con personas fuertemente afectadas por alguna disfuncionalidad.

Muchas personas que ignoran esta información se involucran con personas disfuncionales pretendiendo que actúen como seres normales. Creándonos falsas expectativas sobre ellas nos frustramos queriendo cambiarlas. Al no reconocer ni identificar estas disfunciones, muchos continúan escogiendo a personas con los mismos defectos y patrones de conducta sin saber qué hacer, sintiendo que se encuentran en un callejón sin salida.

Los que padecen de algún tipo de disfunción y no la identifican a fin de tratarla a tiempo, no serán capaces de avanzar en su crecimiento emocional ni espiritual. Para la recuperación definitiva es necesario aceptar que se padece de una condición y buscar la ayuda profesional necesaria.

Con esta información recibo en mi corazón que muchos de ustedes puedan identificar, trabajar y superar alguna de estas disfunciones y conseguir esa liberación y trasformación interior que tanto anhelamos.

veintisiete

La codependencia: un mal social

La codependencia es una enfermedad emocional. Se reconoce como pérdida de identidad ya que el que la padece se enfoca de manera obsesiva y enfermiza en acciones y reacciones de otras personas.

En mi experiencia personal, crecí en un ambiente rodeada de familiares que desarrollaron esta enfermedad. Luego de asistir a grupos de apoyo de 12 pasos y de dedicarme a trabajar profesionalmente como *coach* de mujeres con dependencias emocionales, tuve la significativa oportunidad de conocer a fondo esta condición.

En este capítulo me he dedicado a explicar e informar con profundidad sobre esta enfermedad o condición con el fin de brindar la información necesaria para que se pueda detectar, prevenir y tratar a tiempo.

La codependencia es un *mal social* que aqueja a millones de personas y se define como un comportamiento disfuncional que mayormente padecen las mujeres. Es muy difícil detectarla ya que se mezcla y confunde con costumbres y patrones culturales preestablecidos.

A pesar de que hay suficiente información sobre este tema tan importante en internet y otros medios, en la actualidad hay muchas personas que no saben que existe y mucho menos tienen conocimiento de que la padecen. En mi trayectoria como *coach* he conocido a madres solteras y divorciadas que la sufren pero están inconscientes y son incapaces de identificarla. Sin saberlo son víctimas de esta cruel, astuta y camuflada enfermedad que las destruye emocionalmente a ellas y a todas las personas que las rodean.

El término *codependencia* comenzó a utilizarse en los años setenta. Se descubrió entonces el perfil psicológico de personas involucradas directamente con gente que tenía problemas de alcohol o drogas, determinándose que la característica más destacada en estos perfiles era el tipo de conducta que desarrollaban en su deseo de cuidar, corregir o rescatar a quienes sufrían el flagelo de la adicción.

Actualmente este concepto no está ligado únicamente a personas que se hayan relacionado con adictos al alcohol y las drogas, sino que se comprende de forma tan amplia que proviene de diferentes tipos de condición o disfunción.

Hoy en día se considera un grave problema estar involucrados obsesivamente en las enfermizas y negativas complicaciones de vida que tienen otras personas.

El origen de la codependencia generalmente se encuentra entre familias disfuncionales donde reina un ambiente hostil con exceso de estrés, frecuentes discusiones y peleas; hogares en los que hay que cuidar a un discapacitado o minusválido o en los que una rígida y estricta autoridad impide la autonomía de sus miembros.

Las relaciones se convierten a su vez en adictivas, sin que haya de por medio dependencia química, porque existen enfermedades crónicas de carácter orgánico o trastornos de tipo psicológico-emocional como la neurosis, el bipolarismo, la obsesión compulsiva, etc. Quienes son susceptibles a este tipo de entorno buscan evadirse enfocando su atención en esos otros como un método de defensa a ese mismo entorno. Sienten que se escapan de algún peligro real o imaginario. Están *alertas*, lo que puede ser una ayuda temporal, pero permanecer en ese estado de vigilancia constante se puede volver crónico. Entonces la persona pierde el contacto con sus verdaderas emociones y reacciones, ya que su atención está todo el tiempo fuera de sí misma, enfocada en los padecimientos de quienes la rodean.

Algunos síntomas de la codependencia

No es fácil detectar los comportamientos codependientes en nosotros mismos o en las personas a nuestro alrededor. Por lo general en nuestra cultura los síntomas de codependencia se confunden con buenas intenciones.

La terapeuta norteamericana Robin Norwood aclara estos conceptos. En sus escritos enumeran las actitudes codependientes más comunes:

Interferir demasiado en la vida de sus familiares. Aun cuando se les impide crecer y se violen espacios privados, *se considera erróneamente una forma de cariño.*

Volver a perdonar a una pareja que nos traiciona varias veces *puede aparentar paciencia.*

Escoger exclusivamente parejas con graves problemas *se interpreta como valor o altruismo.*

Tener un miedo aterrador a separarnos *se cree que indica amor.*

La obsesión *se confunde con el enamoramiento.*

Responsabilizarse excesivamente de satisfacer las necesidades ajenas, ignorando el reconocimiento de las necesidades propias.

Ansiedad, distorsión de los límites en situaciones de intimidad y separación.

Exhibir tres o más de los siguientes rasgos:

- Negación, obsesión, constricción de las emociones, depresión, hipervigilancia, compulsiones, ansiedad, consumo de sustancias, víctima recurrente de abuso físico o sexual, enfermedades médicas relacionadas con el estrés.

- Permanecer por lo menos 2 años en una relación con un consumidor activo sin pedir ayuda externa.

- Tener dificultades con la asertividad. No pueden decir que no, aunque lo deseen. Temen no ser queridos y no soportan decepcionar o desilusionar a otros.

- Se sienten atraídos por gente necesitada, conflictiva, irresponsable y perturbada. Consideran que pueden salvarlos con su amor y cuidados.

- Baja autoestima y una gran necesidad de valoración externa. No confían en sus propias percepciones.

- Desarrollan hipertolerancia frente a situaciones abusivas; son capaces de hacer cualquier cosa para evitar que una relación finalice ya que tienen una gran dependencia emocional.

- Es constante la sensación de no ser suficientes ni de hacer nunca lo suficiente.

- Tienen serias dificultades para conectarse con el placer y el bienestar.

- Se obsesionan con la vida de los demás. Ponen toda su energía en ella y pierden el foco de sus propias necesidades e intereses.

- Como temen las situaciones de descontrol, intentan controlar por cualquier medio, ya sea la culpa, la lástima, la coerción o la manipulación.

El caso de Valeria

Valeria es una madre divorciada que se involucró sentimentalmente con un hombre con un grave problema de alcohol, el cual ella no identificó a tiempo. Poco después contrajeron nupcias. Ella ya tenía una hija de su primer matrimonio y esta nueva unión representó un alivio a su miedo de vivir sola y de no contar con el apoyo económico ni emocional de nadie. Permaneció casada durante doce años. Él era lo que se llama un *alcohólico funcional:* buen proveedor, excelente trabajador, pero cargado de conflictos emocionales.

Pero al final este segundo matrimonio fue una *solución imaginaria*; el compañero tan deseado se convertiría pronto en otra decepción amorosa, con su respectiva separación. Esta experiencia le afectó tanto a ella como a su hija. El tenso ambiente en el que vivieron les causó a ambas serias consecuencias: la hija tiene problemas de autoestima y de carácter, la madre sufre de codependencia; que por no haber sido detectada en su momento, no pudo ser tratada. Actualmente ambas están en terapia con la esperanza de llegar, en un futuro muy cercano, a tener una sana relación.

El caso de Rebeca

Madre profesional con tres hijos, toda una vida de trabajo y excelente nivel económico. Este le daba una completa independencia de su esposo. Tras el divorcio de su matrimonio de 15 años, inició una nueva relación. Sin procesar los cambios que, a consecuencia de la separación, surgieron para ella y sus tres hijos, y sin conocer suficientemente a su nueva pareja, comenzó una vida en común con él para descubrir con el tiempo la severa neurosis que lo aquejaba. Su mal carácter complementó lo grave de la situación afectando también a los chicos. En su etapa de adolescentes, con las heridas de la separación todavía abiertas, mostraron su resentimiento y descontento a través de una incontrolable rebeldía, hasta que con el tiempo llegaron al extremo de distanciarse de su madre.

Ella trató de buscar ayuda profesional, *pero solo para salvar su relación.* Eso era lo que pensaba obsesivamente: "salvar su relación". El sentimiento de soledad la gobernaba, su egoísmo y sus carencias afectivas no le permitían tomar conciencia y abandonar esa relación dañina no solo para ella sino para sus hijos. El miedo y el apego tan insano que sentía por este hombre la obsesionaban. Puso en primer lugar su relación antes de priorizar su salud mental y emocional y la de sus hijos. Como consecuencia ellos se fueron alejando de ella.

Todavía hoy sigue sin poder dejarlo, y difícil será que lo haga a menos que identifique y reconozca que tiene un problema y decida hacer terapia. Tristemente los casos como el de Rebeca son muy comunes. Son numerosas las mujeres que se quedan estancadas en esas relaciones malsanas por años y nunca se separan. En algunos casos terminan abandonadas por el marido y se quedan muy solas con fuertes síntomas de depresión, recurriendo a pastillas psiquiátricas porque el deterioro a nivel emocional es tan fuerte que lo necesitan.

Rebeca actualmente mantiene una relación bastante superficial con sus hijos. Su incapacidad de separarse de esta persona y de esa relación de dependencia no ha permitido que sus hijos y ella desarrollen una relación saludable. Como consecuencia, ellos sufren de problemas emocionales, son muy inseguros y desconfiados y tienen muy baja autoestima. Incluso uno de ellos fue víctima de las drogas y tuvo que ser ingresado a un centro de rehabilitación. Todo esto como consecuencia de convivir en una familia disfuncional.

La actitud obsesiva desarrollada por Rebeca para mantener a como dé lugar su relación amorosa, pasando por encima de los sentimientos y las necesidades de sus hijos, es la señal de alarma que se debe de identificar en el momento de relacionarse con alguien. Actitudes obsesivas como esta son las que indican cuándo se transita por un camino destructivo, mostrando que existe un serio problema emocional de fondo.

Aunque una madre sea profesionalmente preparada y exitosa, así como económicamente independiente, no significa que tenga la capacidad de observación de sí misma para identificar lo que padece y buscar la ayuda apropiada. Esta es una enfermedad muy camuflada que confunde el verdadero amor con el apego. A causa de este ambiente tan negativo los hijos también padecerán, en la mayoría de los casos, de algún tipo de neurosis.

Tanto en el caso de Valeria como en el de Rebeca los síntomas de codependencia se manifiestan en sus actitudes obsesivas, la dependencia emocional y la baja autoestima, entre otros rasgos.

Características que definen la Codependencia:

Baja autoestima: el codependiente que ha crecido en ambientes hostiles y disfuncionales, por falta de atención y formación de bases sólidas para estructurar sus emociones, no sabe identificar sus propias fortalezas innatas para sentirse seguro y suficiente consigo mismo.

A estos rasgos se pueden añadir la culpa y la crítica por la propia manera de pensar, sentir, actuar y hasta de verse. Al no tener contacto con sus emociones y no poder identificarlas son inseguros y por ende incapaces de discernir dónde terminan sus límites y en dónde empieza el límite de los demás.

Su rechazo a cualquier cumplido o halago es constante, así como les es frecuente deprimirse si no los reciben. Se sienten diferentes al resto del mundo. Temen el rechazo y a ser víctimas y aun así desarrollan una gran tendencia a victimizarse a sí mismas.

La victimización es muy común en las madres codependientes. Por citar un ejemplo, muchas de ellas al no haber tenido el tiempo o la oportunidad de culminar una carrera profesional por tener hijos a una temprana edad, los culpan o les echan en cara las consecuencias de sus propias elecciones de vida. Les repiten constantemente el "sacrificio" que hacen por ellos, como si fueran ellos los responsables de las acciones de sus padres.

Gran dificultad para tomar decisiones: otra de las características que definen la codependencia es el inmenso trabajo que cuesta asumir la hora de decidir algo y actuar. El deseo de hacer las cosas perfectas los lleva a postergar muchas otras, viven llenos de dudas, son demasiado autocríticos y nada de lo que hacen los satisface por completo. Como consideran que sus propias vidas no valen la pena, ponen mayor atención e interés en la vida de los demás para ayudarlos, más que en la suya propia. Como resultado de estas acciones, reciben a cambio sentimientos superficiales. Se conforman con sentir que los demás los necesitan, y no encuentran el impulso necesario para ocuparse responsablemente de sus vidas.

La negación del codependiente: este tipo de personas tiende a ignorar y minimizar las cuestiones problemáticas. No desarrollan una conciencia clara que les permita diferenciar las situaciones reales con las imaginarias Esta negación se da, por ejemplo, cuando una persona comparte su vida con otra que tiene problemas de neurosis, alcoholismo o algún tipo de adicción. El codependiente tiene la certeza de que dedicando el tiempo necesario a su pareja conseguirá cambios, y justifica de esa forma su permanencia en la relación. Cree que no le hace falta buscar ayuda, le resta importancia a las actitudes irresponsables y destructivas porque no tiene la capacidad de ser objetivo. Inclusive, puede llegar a resaltar las "cosas buenas" y minimizar las verdaderas actitudes que conllevan al comportamiento enfermizo.

Cuando los padres son codependientes, la conducta permisiva e incoherente en la que incurren constantemente es terrible. Fantasean convencidos de que las cosas van a mejorar, pero en ningún momento dan a sus hijos herramientas o enseñanza que los dote de una base con estructuras sólidas que les proporcione seguridad y estima.

En su ánimo de mantener el dominio sobre los hijos, desarrollan actitudes incongruentes; por un lado permiten que desafíen los límites con acciones y actitudes destructivas y peligrosas y por el otro les cortan las alas impidiendo que amplíen sus conocimientos para alcanzar la meta de crecer y ser maduros. En esa dependencia insana, los padres disfrutan de la falsa sensación de sentirse necesitados.

Volverse adictos al trabajo: esta es usada como una excusa para evadir los síntomas de la codependencia que ocurren en las familias disfuncionales. Tanto el padre como la madre concentran una gran parte de energía en la obsesión por realizar una tarea óptima en el ámbito laboral, sin ser conscientes de que manifiestan esta obsesión para evadir su situación de pareja o familiar. Para ellos eso es preferible a tener que enfrentar las anormalidades con las que conviven a diario y a asumir la responsabilidad de buscar soluciones. Por huir de la realidad es que ocurren tantos divorcios; la falta de comunicación dentro del hogar se debe más que nada al miedo a tener contacto con las emociones.

Represión de sentimientos: al no saber identificar sus verdaderas emociones y sentimientos, el codependiente tiende a reprimirlos y a perder el contacto con ellos. Es una manera de olvidarse de sí mismo. Hacer compras compulsivas, gastar dinero en exceso, comer de manera desmedida, creer en mentiras, ser mitómano, mentirse a sí mismo, forman parte de las demás características de la codependencia. A través de estas actitudes el codependiente drena las emociones que no es capaz de enfrentar con conciencia.

Obsesión: el codependiente tiende a desviar el enfoque sobre sí mismo. En una conversación es más importante para él hablar sobre otras personas. Se sienten muy ansiosos por los problemas de los demás. Si tienen amistades conflictivas se involucran emocionalmente en ellos de tal manera que terminan perdiendo toda perspectiva y objetividad. Tienden a abandonar su rutina cuando están afectados por alguien o por algo. Al no ser capaces de mantener el foco sobre sí mismos, viven por la referencia de lo que ocurre en las relaciones de su entorno.

Control: es la tendencia que el codependiente adopta al final, cuando se ve impotente para dominar las situaciones y se vuelve intolerante. Pierde la poca paciencia que tiene, uno de los síntomas de sus neurosis. Es fácil que muestren resentimiento cuando otros no responden como ellos quieren. Se consideran perfectos. Como aumenta su (falsa) autoestima al sentirse necesitados, crean enormes expectativas hacia los demás, mayormente irreales. Siempre les va a costar mucho reconocer sus errores.

La codependencia en la mujer

El crecer en un ambiente codependiente influye de tal manera en una mujer que compromete aún más su dependencia hacia el hombre. Las relaciones disfuncionales tienen mucho que ver con la educación cultural que le ha sido inculcada a través de mensajes cargados de una fuerte connotación emocional, en la que aprendió desde niña que lo más importante es complacer al hombre en todo. Partiendo de este concepto, la mujer se vuelve sumisa sintiéndose reprimida y de poca valía.

La influencia de este tipo de programación que ha recibido la mujer en la escuela familiar llega a formar parte de una conducta básica en la que servir al marido está por encima de cualquier razón; igual que complacerlo físicamente, porque ella es más un objeto deseable que un ser pensante con sentimiento y emociones.

Sometida, anulada su personalidad, aceptando la carencia de una auténtica relación de pareja, vive arrastrando un estilo de vida que la afecta psicológicamente y del cual le resulta imposible escapar.

La codependencia en el hombre

Pudieron haber tenido una niñez triste, padres con alguna enfermedad psicológica, abandono afectivo, separaciones, divorcio, maltrato físico y/o psicológico y en algunos casos sufrir algún tipo de abuso sexual. Todos estos hechos pueden hacer que el niño que los vive no tenga de dónde aferrarse o nutrirse afectivamente y que en un futuro se vuelva codependiente.

El hombre codependiente es muy controlador e inseguro. Muchos de ellos se aferran a sus parejas obsesivamente; a pesar de estar en una relación conflictiva, la negación en la que viven no les permite ser lo suficientemente realistas como para buscar soluciones a los conflictos con su pareja. Temen al abandono y al rechazo. Ellos, al crecer sin una estructura emocional, llegan a ser neuróticos, explosivos, distantes o egoístas con sus parejas. Padecen vacíos emocionales que tratan de llenar mediante la evasión con amigos, trabajo, alcohol, algunas adicciones y otras actividades nocivas. Es por esto que no se diagnostica ni se trata fácilmente en la consulta a estos hombres por codependencia.

El vínculo que establece el hombre codependiente con su pareja es patológico; esto ocurre debido a un déficit de estructuración de valores y principios durante la infancia. Este *yo* débil y dependiente complica sus posibilidades de establecer relaciones sanas y conscientes con las mujeres. Presenta disturbios emocionales expresados en fragilidad y dependencia emocional y sentimientos de ansiedad, enojo y tristeza. Sus relaciones interpersonales se dificultan por su incapacidad de poner límites, lo que conlleva la aceptación del maltrato psicológico.

En síntesis: las personas que sufren de codependencia creen en el amor a primera vista, buscan relaciones superficiales, se muestran agradables y simpáticos para obtener *amor y aprobación*, pero no están preparados para comprometer sus emociones. Contradictoriamente, las personas que actúan de forma agradable o estable emocionalmente les resultan aburridas. No pueden sentirse bien consigo mismos cuando la relación de pareja funciona bien. Subconscientemente buscan la conflictividad en la relación como proyección de su conflictividad interna. Por otro lado piensan que sus problemas se resolverán si consiguen que la compañera cambie.

Los codependientes se sienten incompletos sin pareja

Cuando el miedo al rechazo y al abandono son una constante en la vida de una persona, se manifiesta la característica resaltante de su codependencia: ni pueden ni saben estar solos. Se mantienen en la eterna búsqueda de una relación y no pueden lidiar con sus propios sentimientos. En muchos casos van de una pareja a otra sin tomarse el tiempo para respirar, y tampoco se dan espacio para disfrutar del lado positivo de su soledad. No saben cómo hacerlo.

Como infinidad de casos que ocurren, conozco el de un matrimonio con dos hijos en el cual se dio la separación. Tras este suceso, el vacío, la soledad, la frustración por la pérdida de la base familiar que ambos padres experimentaron motivó que, pasado poco tiempo, ambos se embarcaran en una nueva relación. El primer sentimiento de cada uno de ellos fue pensar beneficio propio y en la compensación que la *pareja a estrenar* les traería. Sus hijos pasaron a ser una parte completamente irrelevante en los sentimientos de fracaso que los dos estaban experimentando.

Las necesidades de los chicos jamás fueron consideradas y las consecuencias surgieron muy pronto. En el colegio sus excelentes notas comenzaron a ir en picada. En el día a día la buena conducta de los hijos, a la que estaban acostumbrados, se transformó en algo complicado e imposible de manejar. La madre, de alguna manera, hizo conciencia y finalizó la relación. Actualmente está asistiendo a terapia personal y familiar, con la intención y la esperanza de soltar su dependencia emocional hacia los hombres.

En conclusión, los codependientes sufren de dependencias externas: se aferran a personas, lugares y cosas. Es su manera de llenar los vacíos. Al mantener imágenes ilusorias, la realidad hace que se sientan huecos y solos. Al final, en su afán de conseguir felicidad y cariño tras generar apego hacia cualquier persona o cosa, convierten ese afecto en amenaza por el temor que tienen de perder el objeto fantasiosamente anhelado.

La codependencia es progresiva

Según el libro *Ya no seas codependiente*, de la especialista en codependencia Melody Bitty, en las etapas tardías de la codependencia pueden surgir los siguientes síntomas:

Sentirse aletargados. Deprimirse, retirarse y aislarse. Experimentar pérdida total de la rutina diaria y de la estructura. Abusar de los hijos o ser negligentes con ellos y con otras responsabilidades. Mostrar desesperanza. Planean escapar de una relación que sienten como una trampa para ellos. Piensan en el suicidio. Son violentos. Sufren enfermedades emocionales, mentales y físicas de gravedad. Experimentan trastornos en la alimentación: comen en exceso o demasiado poco. Se vuelven adictos al alcohol y otras drogas.

En síntesis, la codependencia es una sumisión a los demás, a sus estados de ánimo, a sus conductas, a la enfermedad o bienestar y a su amor.

Es una dependencia paradójica; en apariencia son los otros quienes están sometidos al codependiente, cuando es una realidad contraria. Actúan como personas fuertes, pero se sienten desamparados; están controlados por una enfermedad de la que dependen, como lo hace un alcohólico.

El desapego

El desapego no es estar separado de la persona que importa, sino la separación de la agonía del envolvimiento. Desapegarse significa que se le permite a los demás ser como son: se les da libertad para ser responsables y madurar, y la misma libertad la recibe quien la da. La propia vida se vive al máximo de la capacidad. Se posee el don de discernir entre lo que se puede cambiar y lo qué no. El desapego significa vivir el momento presente, vivir en el aquí y ahora. Un estado de interdependencia es: conciencia de una persona centrada que sabe asumirse, y que en consecuencia desarrolla una sana relación consigo misma apoyándose en sus valores, autoconocimiento, autoestima y autorespeto. Dicho estado de interdependencia proporciona al individuo conciencia de su propia plenitud y no necesita buscar afuera nada para llenar sus vacíos. Su propósito de relacionarse solo depende de su deseo de compartir lo que es y lo que tiene en su interior para continuar creciendo como ser humano. Sabe elegir y ser selectivo para liberarse del miedo a la desaprobación y al abandono. Se siente libre de soltar sin pensar que está perdiendo nada pues reconoce que siempre se tiene a sí mismo. Maneja el duelo de las separaciones con inteligencia emocional porque siente autoconfianza de poder continuar y se sabe capaz de convertir las dificultades en oportunidades. Sabe disfrutar el lado positivo de la soledad, y al saber amarse a sí mismo, desarrolla una auténtica capacidad de amar a otros sin caer presa del apego a nada ni a nadie.

Recuperación de la codependencia y sus etapas

Para superar la codependencia y la dependencia afectiva, hace falta tiempo y una profunda introspección. Iniciar la terapia de recuperación amerita que el codependiente quiera cambiar, porque lo más común es que abandone las consultas al poco tiempo debido de iniciarlas, ya que en el fondo no está convencido ni preparado para asumir una vida diferente.

Esa diferencia empieza por conocerse a sí mismo, aceptar las debilidades y saber cuáles son los defectos que le impiden tener relaciones saludables con la familia, con los compañeros de trabajo y con todas aquellas personas que forman parte de su devenir diario.

La recuperación consta de varios pasos:

Primer paso: romper la negación

Es lo "más importante". Es la que representa el verdadero inicio de la transformación y consta de *3 etapas:*

1. La admisión: admitir que existe dificultad para relacionarse con las personas de manera saludable y reconocer que su vida se ha vuelto ingobernable.

2. La aceptación: por los resultados negativos experimentados en el proceso de aceptar que la propia vida se ha vuelto ingobernable, surge un estado de resistencia que va acompañado de ira, de regateo, y por último de depresión. Luego de haber reconocido este proceso se llega a la aceptación.

3. La rendición: en esta etapa es que realmente se puede aplicar terapia. Aquí el codependiente *rompe la negación* y deja de tener resistencia; ahora está abierto a escuchar sugerencias para ponerlas en práctica y así de esta manera poder realizar los cambios que necesita hacer en su vida.

Ayudar efectivamente a un codependiente requiere de una cuidadosa observación para reconocer la etapa en que se encuentra.

Segundo paso: es importante realizar un minucioso inventario moral.

Está comprobado que es imposible obtener una recuperación efectiva de la codependencia sin lograr un profundo conocimiento de sí mismo. Para alcanzarla es necesario realizar un minucioso inventario moral y de conciencia, asesorado por un profesional o un especialista en codependencia. Este exhaustivo examen servirá para detectar cuáles son los defectos de carácter que los llevan a ser personas conflictivas.

Existen grupos de apoyo de 12 pasos de Al-anon que funcionan para personas que tienen familiares con problemas de alcoholismo. Asistir a grupos de apoyo de codependencia también es recomendable cuando se padece de esta condición. En fin, existen diferentes maneras de recuperarse: la terapia de grupo, terapia individual o terapia de familia.

La codependencia no se cura; la recuperación es diaria y se controla a base de constancia y disciplina, un día a la vez.

Hacer oración y meditar diariamente, apartarse de personas nocivas, leer libros de autoayuda especializados en codependencia, hacer ejercicio por lo menos 3 veces a la semana, entre otras, son algunas medidas alternativas que ayudan considerablemente en la recuperación, pues se requiere de mucho entusiasmo y ganas de cambiar para alcanzarla.

Hijos adultos de padres codependientes

Los hijos de padres codependientes provienen de familias disfuncionales, crecen en ambientes familiares donde no hay una estructura ni bases sólidas en su vida emocional ni en su desarrollo intelectual.

En este tipo de familias los hijos se acostumbran a callar, a no oponerse, a no hablar de los problemas, a no confiar en nadie, ni siquiera en ellos mismos. La propia identidad se va perdiendo: sólo se llega a ser *alguien* si los demás necesitan de uno, o si se puede hacer algo bueno por el otro. Se aíslan del entorno que los rodea porque se sienten diferentes a los demás.

En estas familias lo normal es que no haya consideración; al crecer en un hogar tan hostil, los hijos reprimen sus verdaderos sentimientos. No hay límites ni respeto entre ellos.

El hijo adulto codependiente es una persona que depende emocionalmente de estímulos externos para sentir autoestima. Pone toda su atención en los estímulos de su entorno para evadirse y no sentir su propio dolor. Este problema de actitud debe ser tratado para sanar los patrones transmitidos por sus progenitores, así como también debe aprender a tener relaciones sanas con los demás y consigo mismo.

La codependencia se pasa de una generación a otra. Es una secuencia de patrones repetidos consecutivamente. Surge en padres que provienen de familias con trastornos mentales, emocionales o adictivos. Es importante cortar esa cadena disfuncional que acaba con la salud mental de familias enteras, y por lo cual es considerada como un mal social.

veintiocho

El alcoholismo y la familia

Cuando yo estaba en mi proceso de separación empecé a asistir a grupos de apoyo de doce pasos, gracias a una de mis hermanas que me pasó la información. En estas sesiones terminé descubriendo que dentro de mi núcleo familiar existía codependencia porque algunos familiares de mis antepasados sufrieron de alcoholismo.

Estos grupos de apoyo han influenciado determinantemente en mi vida, ya que la filosofía de los *doce pasos* está netamente enfocada en desarrollar la vida emocional y espiritual fortaleciendo la fe en un poder superior.

Empecé asistiendo con regularidad a estos grupos y gracias a esta filosofía y a su enfoque espiritual encontraba que cada día me sentía mejor, a pesar de estar pasando por una etapa difícil. Uno de esos días que yo asistí, mi madrina había sido invitada a ofrecer una conferencia de *doce pasos*. Fue en ese momento en el que tuve el privilegio de conocerla. Gran terapeuta profesional especializada en codependencia y adicciones a alcohol y drogas que se convirtió en mi guía espiritual.

Yo participaba de estos programas no solo con el fin de cultivarme y descubrir más de mí, sino para aprender realmente acerca del alcoholismo como enfermedad. Aprendí los síntomas de la conducta del alcohólico y las causas por las cuales se desarrolla esta terrible adicción.

Por mis actuales estudios en adicción al alcohol y drogas y la increíble experiencia de haber asistido a estos grupos de apoyo durante muchos años, más la orientación y enseñanzas sabias de mi madrina, he aprendido muchísimo sobre esta enfermedad. Es de especial importancia conocer la manera cómo impacta nuestra salud mental y emocional como la de todos los que nos rodean. Por esta razón he decidido abordar el alcoholismo en este capítulo con el propósito de crear conciencia y alertar sobre este problema que afecta sobremanera los ambientes sociales y familiares. La mayoría de las personas no están al tanto de que lo padecen, y tampoco saben cómo identificarlo.

Una de las cosas más importantes que yo aprendí sobre el alcoholismo y que me llamó mucho la atención, es que no necesariamente quien la sufre es el que "consume alcohol todos los días".

El alcoholismo es una enfermedad física y emocional. Pero se inicia con la desconexión emocional que la persona padece. En la mayoría de los casos se desarrolla en personas que vienen dañados y abandonados emocionalmente desde muy pequeños. Ellos provienen en su mayoría de familias disfuncionales, de padres abusivos, neuróticos, alcohólicos, codependientes, o de cualquier otro tipo de condición o disfunción familiar.

Hoy en día a pesar de que tenemos acceso a tanta información por internet y diferentes medios de comunicación, he visto que muchas personas están involucradas en relaciones donde existen problemas de alcoholismo que difícilmente pueden detectar o identificar.

Como especialista en dependencias emocionales he podido también observar que en su mayoría muchas mujeres están envueltas en relaciones con personas con este tipo de adicción, son codependientes pero que no tienen ni idea que la padecen, porque no saben lo que significa ser codependiente.

Con respecto al alcoholismo, hay que tener muy en cuenta que *no es tan* fácil identificarlo. Eso se debe a que en nuestra cultura social es casi una costumbre general reunirse con las amistades y beber todos los fines de semana, relajarse compartiendo un trago en los *happy hours* o *after-work,* y proponer un trago para conversar sobre negocios. Siempre ha sido tan normal como aceptable concebir el alcohol como objetivo de las relaciones sociales con el fin de generar enlaces de cualquier tipo.

A raíz de esta concepción sociocultural se ha confundido tanto el término, llegando a parecer tan normal, que beber todos los fines de semana es algo exclusivamente por fines sociales. Pero no necesariamente es siempre así, ya que cuando este hábito se vuelve costumbre y aumenta la frecuencia, con el tiempo podría convertirse en enfermedad.

Se puede decir que una persona que bebe todos los fines de semana y desea con ansias que llegue el viernes o el sábado por *la necesidad imperiosa* de echarse un trago y de beber, es una persona que ya creó dependencia y se puede declarar alcohólica.

Por otro lado, hay personas alcohólicas que no beben durante meses, pero que una vez prueban la bebida no pueden parar de tomar, inclusive por varios días seguidos, terminando en el hospital por causa de intoxicación. Muchos de ellos se internan durante una semana por voluntad propia con el fin de desintoxicarse.

Estas recaídas también se ven muy a menudo en los grupos de AA; muchos de sus miembros a pesar de haber asistido a este programa de *doce pasos* por muchos años y luego de haber logrado dejar la bebida por un tiempo largo, terminan reincidiendo en el consumo de alcohol o drogas. Por eso es tan importante entender que para esta enfermedad existe la recuperación, *pero no la cura definitiva;* cuando se toma la decisión de asistir a estos grupos de apoyo, es fundamental enfocarse en aprender a conocer bien cómo se trabaja ese maravilloso y milagroso programa de *doce pasos* que ha ayudado a la recuperación de miles y miles de personas que la sufren.

Una de las características del alcoholismo es que se *justifica* y se *crea una "necesidad"*; se bebe *siempre* para celebrar algo, se bebe para olvidar los problemas, se bebe para ser más extrovertido, o por reuniones de trabajo. El problema es lo seguido que se busque una excusa para beber.

El bebedor social, en cambio, disfruta mucho de las bebidas alcohólicas y puede parar de beber apenas lo desee, "generalmente" no le causa problemas en el cambio de personalidad, siempre que no se exceda. Sin embargo, como el alcohol es un des inhibidor, gratifica mayormente a las personas que necesitan liberarse de presiones emocionales. Esta sensación superficial de libertad es la que induce a una persona con predisposición a desarrollar esta enfermedad y a empezar a buscar repetitivamente esa sensación, llegando a convertirse en verdaderos alcohólicos. En muchos casos el que padece esta adicción puede reflejar cambios en su carácter y como resultado afectar a las personas que les rodean.

Una persona que sufre de alcoholismo, una vez que empieza a beber pierde el control y no puede parar de beber; si está en un evento social, en un bar compartiendo con sus amistades o en algún almuerzo de ejecutivos, será siempre el último en irse.

Una manera de detectar el alcoholismo es por la manera compulsiva y obsesiva de beber que manifiesta la persona; pierde el control de sus actos. Muchos de ellos hacen cosas vergonzosas, e incluso cada vez que beben se vuelven muy agresivos e intolerantes. La mayoría de los casos de violencia doméstica tienen que ver con la manera incontrolada de beber de la persona.

De todas maneras no podemos generalizar afirmando que todos los alcohólicos son agresivos. Muchos de ellos reaccionan diferentes ante los efectos, en su mayoría sufren de neurosis y se van deteriorando físicamente. En el caso del padre de una gran amiga: este bebía todos los fines de semana sin poder parar hasta el punto de emborracharse. Pero bebía su whisky sentado y callado, casi cayéndose al suelo, y cuando se quedaba medio dormido se levantaba de la silla yendo directo a su habitación sin crear ningún tipo de alboroto. Esta conducta era constante todos los fines de semana, hasta el día que se enfermó y falleció. Muchos alcohólicos como él tienen este tipo de reacción a los efectos del alcohol: se muestran siempre pasivos. Aunque también suele ocurrir que, cuando se les pasa el efecto, muestran su neurosis.

En la mayoría de las familias donde existe la enfermedad del alcoholismo existe *negación* del problema. Por esta razón es que muchas de ellas pierden la oportunidad de buscar ayuda terapéutica necesaria a tiempo para evitar daños emocionales irreversibles en los hijos y salvar el matrimonio, que casi siempre termina en divorcio.

Aceptar que en nuestra familia existe este tipo de adicción no es fácil e identificarlo, sobre todo por la presión social en la que vivimos. Pero es triste ver a familias enteras destruyéndose por esta adicción, y más triste aun cuando son los hijos quienes sufren las consecuencias.

Muchas de las personas que padecen de esta enfermedad ni siquiera se lo imaginan porque no la pueden identificar; pero están descuidando sus hogares, sufren de vacíos existenciales que se tornan un círculo vicioso porque beben para no sentir dolor o tristeza. Una vez que se les pasa el efecto, el vacío emocional es mucho más intenso y más grande, y por eso siguen bebiendo, para adormecer nuevamente esos sentimientos de falta de "algo".

El alcoholismo se desarrolla de diferentes maneras: una de ellas es el que abusa de la bebida. Una vez que se inicia, y al **continuar** con ese mismo ritmo, en muchos casos cruza la línea y termina en esta triste enfermedad. Las personas que vienen de familiares que han sufrido alcoholismo son más propensas o tienen la predisposición de desarrollar esta adicción con mayor rapidez. Por eso, esta es una enfermedad que se tiene que detectar a tiempo para poder tomar medidas necesarias y detenerla.

En el caso de Sara, quien contrajo matrimonio muy joven, estuvo casada durante más de 15 años y tuvo dos hijos. Ella sufrió de maltrato psicológico por parte de su marido, pero siempre lo justificaba con la excusa de la presión que tenía en su negocio. Era un hombre exitoso a nivel profesional y con muy buena posición económica, y nadie fuera de su hogar se podía imaginar el tormento de Sara. Ellos ante la sociedad aparentaban ser una familia ejemplar y las demás personas podían apostar que lo eran. Sara era toda una madre responsable y muy dedicada a su vida familiar, pero no entendía el porqué de su infelicidad. En su interior se sentía vacía y transmitía este estado emocional a sus hijos. Cada vez que su esposo llegaba pasado de tragos siempre discutían; incluso en la mesa durante la cena, sus hijos presenciaban peleas e insultos que propinaba su padre debido a la alteración de su conciencia por causa del alcohol.

El mal humor y la neurosis son características del alcohólico; no necesariamente se manifiestan en plena actividad alcohólica, también se dan cuando están en abstinencia y esperando ansiosamente el momento de poder darse un trago, comportándose de una manera insensible y egoísta.

El alcoholismo es una enfermedad que no respeta estrato social, ni raza, ni religión. Conozco cantidad de familias de un altísimo nivel tanto intelectual como cultural, personas muy exitosas, de mucho dinero, que nadie se pudiera imaginar que sufren de esta adicción. A estas personas se les llama "alcohólicos funcionales" porque son económicamente buenos proveedores, pero no tienen contacto con sus emociones y con el tiempo pierden sus valores y principios.

En esta época se mezcla mucho el alcohol con las drogas; de hecho, muchas personas empiezan bebiendo con el fin de terminar consumiendo algún tipo de droga.

Las estadísticas de la cantidad de familias que sufren de este mal social son alarmantes, pero lo más preocupante es que se les haga difícil identificarlo.

Los hijos adultos de padres alcohólicos y sus cónyuges padecen muchísimo, y en especial los hijos porque crecen muy inseguros, sufriendo de temor y culpa. También desarrollan obsesión por otros y el deseo irrefrenable de controlar a toda persona o situación que encuentren; pese a que sus seres queridos parecen ser los detentores de los problemas, estos hijos de padres alcohólicos se culpan en secreto pensando que de alguna manera son ellos la causa del problema, o que tienen el deber de superarlo con amor, oraciones, trabajo arduo, inteligencia o perseverancia. Subconscientemente asumen la carga de sus padres. Saben que algo no funciona pero no pueden entender qué, o sienten que han identificado el problema y no pueden resolverlo.

Lo mismo les sucede a los esposos que comparten con personas afectadas por esta enfermedad; sienten que algo no está funcionando y no pueden identificar qué. Sospechan que la bebida tiene algo que ver con la situación, pero no quieren pensar en ello y evaden la realidad hasta el punto de la negación. Después de todo, el alcoholismo resulta ser vergonzoso. También se da el caso de que están plenamente conscientes del alcoholismo y sus consecuencias destructivas y tienen miedo de asumir responsabilidad y tomar acción al respecto. El enfoque es pensar que si su ser querido alcohólico cambia se sentirán mucho mejor; pero al no darse tal cambio se sienten víctimas de esta gente "insensible", creyendo que esos parientes alcohólicos les facilitarían la vida si se preocuparan lo suficiente para hacer algunos cambios. Los parientes afectados al mismo tiempo sufren de autocrítica y se culpan a sí mismos pensando cosas como: "si yo fuera más, él no haría esas cosas terribles".

Los cónyuges de personas alcohólicas siguen "luchando" y siguen "perdiendo". Por eso el alcoholismo es una enfermedad que daña familias enteras y pasa de generación en generación. En algunos casos, a pesar de que en una familia no existan miembros con este tipo de adicción, provenir de hogares con alcoholismo es suficiente para que miembros de esas familias tengan fuertes problemas emocionales.

En el caso de dos personas que son codependientes y se casan, al haber crecido en hogares con problemas de alcoholismo -aunque ambos sean abstemios-, el mal está ahí: si no tuvieron la oportunidad de tomar terapia individual para sanar su codependencia, tienen el problema en estado latente y se les llama *alcohólicos secos* pues su vida emocional es ingobernable.

Los efectos negativos del alcoholismo no tienen límites, por eso es tan importante tomar conciencia y buscar la ayuda necesaria y requerida a través de terapias individuales, programas de *doce pasos* o centros de recuperación, llamados también *rehab*.

Estadísticas de la Organización Mundial de la Salud sobre el alcoholismo que llaman a la reflexión

El alcoholismo afecta más a los varones adultos, pero está aumentando su incidencia *entre las mujeres y los jóvenes*. Los problemas derivados del consumo excesivo de alcohol están aumentando en todo Occidente desde 1980, incluyendo Estados Unidos, la Unión Europea y la Europa Oriental, así como en los países en vías de desarrollo.

A pesar de los resultados esperanzadores del tratamiento actual, se estima en más de 100.000 el número de muertos anuales sólo en Estados Unidos a causa del abuso alcohol.

En la Federación Rusa un 12 por 100.000 de la población ingresa anualmente en los hospitales por intoxicación etílica aguda.

En los últimos años, España ha pasado a ocupar el segundo lugar en el mundo en tasa de alcoholismo.

En México, el grupo de edad que manifestó una incidencia más alta fue de 18 a 29 años. (Encuesta Nacional de Adicciones, 1988). Según la Organización Mundial de la Salud (OMS), la cantidad de jóvenes que consumen alcohol aumentó en un 20 % en los últimos 10 años. Hace 10 años, de cada 7 hombres que consultaban por problemas relacionados con el alcohol en exceso, consultaban 3 mujeres; hoy la relación es de 6 hombres por 4 mujeres.

Las estadísticas de la Organización Mundial de la Salud (OMS) indican que el 5% de las muertes de jóvenes de 15 a 29 años de edad en el mundo está asociado con el consumo de alcohol.

Estadísticas en los Adolecentes

El alcohol mata a más adolescentes que todas las otras drogas combinadas. Es uno de los tres factores principales de causas de muerte entre los jóvenes de 15 a 24 años: accidentes, homicidios y suicidios.

Los jóvenes que beben son 7.5 veces más propensos a utilizar otras drogas ilegales y cincuenta veces más propensos a utilizar cocaína que los que nunca beben. Una encuesta demostró que el 32% de las personas mayores de 12 años que bebían en exceso, también consumían drogas ilegales.

En el 2005, 6.6% de la población de Estados Unidos de 12 años o más, 16 millones de personas, reportaron un alto consumo (consumo excesivo de alcohol en al menos cinco días de los últimos treinta días).

De los 3,9 millones de estadounidenses que recibieron tratamiento por un problema de abuso de sustancias en 2005, 2,5 millones de ellos fueron tratados por consumo de alcohol.

Las muertes por accidentes de tráfico relacionadas con el alcohol en Estados Unidos fueron 12,998 en el 2007. Esto es de tres veces más que los soldados norteamericanos que murieron en combate en los primeros seis años de la guerra de Irak.

Hay 1.4 millones de arrestos por conducir ebrio en Estados Unidos cada año.

Un estudio del Departamento de Justicia de Estados Unidos encontró que prácticamente 40% de los crímenes violentos ocurren bajo los efectos del alcohol.

Entre el 2005 y el 2006, hubo 187.640 admisiones en hospitales del Sistema Nacional de Salud Inglés relacionadas con el alcohol.

En el 2005, hubo 6.570 muertes en Inglaterra por causas directamente relacionadas con el uso del alcohol. En el 2006, las muertes relacionadas con el alcohol en Inglaterra se elevaron a 8.758. Esto se suma a un incremento anual del 7% con respecto al año anterior.

De acuerdo a un estudio, de los 490 millones de personas que viven en la Unión Europea, más de 23 millones son alcohólicos.

En Europa, el alcohol contribuye a casi uno de cada diez casos de enfermedad y muerte prematura cada año.

En el 2005, el 39% de todas las muertes por accidentes de tránsito se relacionaron con el alcohol.

El 40% de los crímenes violentos ocurren estando bajo los efectos del alcohol.

Información: estadística obtenida de la Fundación por un mundo libre de drogas

http://mx.drugfreeworld.org/drugfacts/alcohol/international-statistics.html

veintinueve

La neurosis

La neurosis no siempre se manifiesta de una manera agresiva, como la mayoría de las personas creen. Existen muchos tipos de neurosis y sus características son diferentes unas de otras.

En mi caso personal, vengo de una familia con diferentes tipos de trastornos emocionales, como lo es la codependencia. Crecer en un ambiente poco funcional me trajo problemas desde un principio para poder relacionarme de manera más saludable con las personas. La comunicación y la conexión emocional fue inexistente en mi ámbito familiar, así que después de algunas experiencias al respecto, y también a mi ambiente social, entendí que para mí era necesario investigar a fondo qué es lo que realmente me estaba sucediendo que no me hacía sentirme plena, motivada o feliz.

En diversas etapas de mi vida estuve rodeada de personas con muchas carencias que sufrían problemas emocionales, pero que yo no lograba identificar porque no tenía el conocimiento suficiente. Con el tiempo logré darme cuenta de que necesitaba ayuda, mucha información para realizar cambios importantes, crecer como persona y a la vez poder ser más asertiva a la hora de seleccionar mejor a mis amistades.

En el caso de la neurosis, tuve experiencias de personas muy cercanas a mí que sufrían de este mal, pero que no tenía idea de que lo padecían. A medida de que me iba informando, fui entendiendo muchas cosas; tuve la oportunidad de aprender mucho sobre la neurosis hasta entender que es una alteración mental ocasionada por la presencia de un alto grado de ansiedad. El miedo y las obsesiones relacionados con situaciones personales o ambientales conflictivas dominan a la persona y le provocan un verdadero sufrimiento.

Si bien es cierto que todas las personas sufren miedos y obsesiones en mayor o menor medida, muchas de ellas consiguen dominarlos sin que afecten demasiado su actividad diaria ni su estructura mental. No obstante, en algunas de las que padecen de esta condición, la ansiedad adquiere una intensidad considerable y llega a marcar sus pensamientos y su comportamiento.

Existe cierta predisposición a sufrir neurosis en las personas que vienen de familias disfuncionales con algún tipo de adicción, ya que son hipersensibles. Este tipo de personas manifiestan una emotividad superior a la normal, por lo general con un agudo sentido de culpabilidad. Estas reacciones pueden variar en gravedad: desde episodios leves hasta una enfermedad incapacitante que incluso requiera hospitalización. *Neurosis desde la antigüedad quiere decir lleno de nervios:* síntomas que incluyen angustia y exageración o hiperactividad.

El pasivo-agresivo

Hace algún tiempo, mucho antes de casarme, conocí a un hombre de buen corazón, pero muy conflictivo. Para aquel entonces no sabía lo que significaba ser pasivo-agresivo. En esta relación yo no entendía por qué cada vez que compartía con él terminaba deprimida o desanimada. Con el tiempo descubrí que sus comentarios los hacía de una manera sarcástica y tan sutil que yo no podía identificarlo. Lo que sí sentía en esos momentos era mucha incomodidad y malestar, pero no sabía precisamente por qué. Cuando finalmente supe lo que me hacía sentir tan incómoda cada vez que compartía con él, fue de *gran alivio y liberacion*: descubrí que él era pasivo-agresivo.

Si yo hubiera tenido en su momento este y otro tipo de información, me habría evitado mucho sufrimiento, y eso es lo que yo he logrado con mi hijo. Al ofrecerle información sobre estos temas, lo he prevenido de pasar por muchos sufrimientos. Está preparado para enfrentar la vida con conocimientos que le permiten reconocer las realidades emocionales de las personas y no involucrarse ni dejarse afectar.

Breve resumen de las definiciones y características del pasivo-agresivo

El pasivo agresivo no es directamente hiriente, sino que se expresa a través del cinismo, el pesimismo o el sabotaje. Un pasivo-agresivo se percibe a sí mismo como una persona pacífica, y por eso no estalla cuando tiene un problema enfrente; encuentra una forma de comunicarse igual de venenosa que una agresión directa.

Es así como un pasivo-agresivo puede estar de muy buen humor un día y ser amable con sus compañeros de trabajo, y al otro estar molesto con todos ellos sin razón aparente.

¿*Có*mo reconocer a un pasivo-agresivo?

Es muy importante conocer las características de una persona pasivo-agresiva para poder identificarla. En el libro *La sonrisa molesta: La psicología del comportamiento pasivo-agresivo*, de los psicólogos Jody E. Long, Nicholas J. Longe y Signe Whitson, se enumeran diez respuestas típicas de quienes desarrollan conductas pasivo-agresivas:

1. "No estoy molesto", pero realmente sí lo está, y mucho.

2. "Estoy bien", "lo que sea". Con estas frases el pasivo-agresivo realmente expresa su rabia de manera indirecta, para evitar una comunicación abierta y clara sobre lo que quiere.

3. "Ya lo hago", y jamás lo hace, sino que posterga la tarea o la resolución del problema.

4. "Usted quiere que todo sea perfecto". Entrega la responsabilidad de sus fallas al otro, culpándolo porque no es suficiente lo que hace.

5. "Yo pensé que tú sabías". A veces, la omisión es la manera en que los pasivo-agresivos se guardan información que podría ayudar a prevenir un problema.

6. "No sabía que lo que querías decir era 'ahora mismo'". Esta es otra forma de omitir una responsabilidad o desviar la atención ante un incumplimiento propio.

7. "Por supuesto, estaría feliz de hacerlo". Pero ni lo hace, ni está feliz por ello.

8. "Lo has hecho muy bien para alguien con tu nivel de educación". Una ofensa disfrazada de cumplido.

9. "Solo estaba bromeando". El sarcasmo suele ser una herramienta importante para los pasivo-agresivos.

10. «¿Por qué te molestas tanto?». Quien hace la pregunta conoce de antemano la respuesta, pero para evitar aceptar su culpabilidad en un tema, cambia el foco del problema.

Otras de los temas que yo ignoraba eran los tipos de neurosis que existen; definitivamente fue importante reconocerlos porque, al ignorarlos, no era capaz identificar otro tipo de actitudes negativas que veía en personas que aparentaban estar bien.

La neurosis puede ser recurrente y se manifiesta de la misma forma durante toda la vida de quien la sufre. La gravedad de la neurosis va desde algo leve a una enfermedad que requiera hospitalización.

Clasificación o Tipos de Neurosis

Por nombrar algunas de las más importantes:

Neurosis de angustia. En las neurosis de angustia es posible que se presenten manifestaciones neuróticas como las obsesiones, las fobias y las quejas de tipo hipocondríaco. Los trastornos de tipo fisiológico como: palpitaciones, hiperventilación, excesiva sudoración, temblores, insomnio, anorexia, etc., son unos de los más experimentados por los neuróticos de angustia, quienes sufren de fatiga, debilidad e irritabilidad.

Neurosis hipocondríaca. Esta clase de neurosis aparece en varias formas a través de diferentes trastornos psiquiátricos. Puede llegar a convertir la enfermedad en una expresión de sentimiento de culpa. Los síntomas manifiestan tanto angustia como una parte de auto castigo, y conducen a la persona a un aislamiento total de naturaleza inmadura, en el cual buscan obtener una gran protección y un cuidado exagerado.

Neurosis obsesivo-compulsiva. Los individuos más propensos a sufrir la neurosis obsesivo-compulsiva son los de personalidad meticulosa, perfeccionista, rígida y en general insegura, que acompañan dudas, vacilaciones e indecisiones constantes. Se presentan a menudo rasgos depresivos y la persona suele desarrollar un inevitable sentimiento de culpa o vergüenza. Casi siempre la persona que lo padece sufre de insomnio, inquietud y fatiga, resultado de un gran estado de tensión.

Neurosis depresivas. En este tipo de neurosis se presenta una reacción de depresión excesiva cuando ocurre un conflicto, sobre todo alguna perdida emocional. Las reacciones se caracterizan por una pérdida de autoestima, agresividad y distanciamiento de algunas personas. En los estados de depresión se expresa cierto grado de hostilidad.

Neurosis de despersonalización. Aquí los síntomas dominantes son sentimientos de irrealidad y de extrañeza hacia sí mismo, hacia su cuerpo y hacia el ambiente. En algunos casos se encuentra asociada a las primeras etapas de una reacción esquizofrénica.

En conclusión, aunque mi intención de informar sobre esta condición no sea la más extensa y completa -porque el área de la psiquiatría no es mi especialidad-, he tratado de ofrecer un simple resumen; dentro de la psicología y la psiquiatría existen más categorías que definen otras disfunciones mentales, pero la neurosis y sus tipos son las más comunes. Por esta razón me he enfocado en la búsqueda de tan valiosa información con el fin de dar a conocer esta condición, ya que es la más frecuente en gran número de personas con predisposición a la misma, y porque vivimos en un mundo contaminado de factores realmente estresantes. Estos estimulan la neurosis en muchos niveles afectando el sano desarrollo de la inteligencia emocional, y en consecuencia el funcional desenvolvimiento en nuestras relaciones personales y sociales.

treinta

¿Qué es defecto de carácter?

La vida es realmente una escuela, y la mayor lección es la que nos dan nuestros propios errores. Por eso es importante tomar conciencia de ellos para asumirlos y trascenderlos con responsabilidad, con la finalidad de aprender a desarrollar una relación más sana con nosotros mismos, desde la cual podamos relacionarnos más sanamente con las personas que nos rodean.

Los defectos de carácter no son más que nuestros instintos naturales desbordados. Instintos fuera de su cauce natural.

Los seres humanos nacemos con instintos naturales que usamos para la protección, y son parte de nuestra naturaleza. El miedo por ejemplo, es un instinto natural de conservación que, al ser utilizado debidamente, nos protege de peligros reales. Pero si no encauzamos conscientemente esos instintos a medida que crecemos, se distorsionan de tal manera que afectan nuestro carácter, convirtiéndose en defectos. Esto es lo que no nos permite relacionarnos de una forma saludable con los demás.

Por ejemplo: el niño que crece en un ambiente hostil donde, cada vez que deja de hacer sus deberes escolares, recibe una tremenda paliza por parte de alguno de sus padres. Para evitar ser castigado de la misma manera, empieza a mentir; descubre que le funciona y que es una manera de protegerse del castigo y el maltrato físico. Ahí es cuando empieza a usarla como defensa; la mentira que de niño le sirvió como protección, y al no ser orientado y corregido a tiempo, se hace parte normal o natural en su vida diaria. Como resultado ésta se convierte en defecto de carácter.

Para entender ampliamente el significado de Defecto de Carácter he citado textualmente del libro *12 Pasos y Doce tradiciones* de AA una excelente y simple definición:

> Al ser creados, fuimos dotados de instintos para un propósito. Sin ellos no seríamos seres humanos completos. Si los hombres y las mujeres no se esforzaran por tener seguridad personal, si no se molestaran en cosechar su alimento, en construir sus moradas, no podrían sobrevivir. Si no se reprodujeran, la tierra no estaría poblada. Si no hubiera ningún instinto social, si a los seres humanos no les importara disfrutar de la compañía de sus semejantes, no existiría sociedad alguna. Por lo tanto estos deseos de relaciones sexuales, de seguridad material y emocional, y de compañerismo son perfectamente necesarios y apropiados y sin duda provienen de Dios.
>
> No obstante, estos instintos tan necesarios para nuestra existencia a menudo sobrepasan los límites de su función apropiada. Poderosa y ciegamente, y muchas veces de una manera sutil, nos impulsan, se apoderan de nosotros e insisten en dominar nuestras vidas. Nuestros deseos de sexo, de seguridad material y emocional y de un puesto eminente en la sociedad a menudo nos tiranizan. Cuando se salen así de su cauce, los deseos naturales del ser humano le crean grandes problemas: de hecho casi todos los problemas que tenemos tienen su origen aquí. Ningún ser humano por bueno que sea es inmune a estos problemas.

La mayoría de los graves conflictos emocionales se pueden considerar como un problema de "instinto desbordado". Esos instintos, nuestros grandes bienes naturales, se han convertido en debilidades físicas y mentales. *Bill, AA.*

Hasta que no hagamos una verdadera introspección y descubramos cuál es *la raíz de nuestros defectos* y nuestras verdaderas debilidades, y aceptarlos con honestidad sin justificarlos, *no lograremos* ser verdaderamente transparentes y honestos en nuestras relaciones. Esto más tarde o temprano nos afectará, ya que son un obstáculo ineludible a la hora de relacionarnos sanamente con las personas. Un minucioso inventario moral nos ayudará a reconocer cuáles son nuestras debilidades, y de esta manera poder trabajar efectivamente en ellas. Esto también nos ayuda a estar más liberados para reforzar nuestras potencialidades.

Los límites

Deben ser líneas claras trazadas como guía para todas nuestras relaciones: valorización, consideración y respeto; pero esos límites sólo se determinan al tener perfecto conocimiento de uno mismo.

Sólo se puede ofrecer lo que se tiene. Si quieres exigir respeto debes darlo. También se debe dar consideración para recibirla, y en una relación, para saber lo que es negociable o no, debemos conocer cuáles son nuestros límites. En muchas de las situaciones que me tocó experimentar en mi vida tuve que aprender a poner límites; pero para lograrlo, primero tuve que conocer más de mi misma y trabajar conscientemente en la transformación de mis propios defectos de carácter.

En mi trabajo como *Life Coach* me encontré con el caso de Delia. Una ama de casa cuya relación con el marido iba de mal en peor. Siempre se quejaba de que él no era lo suficientemente detallista ni cariñoso. También lo hacía responsable porque el matrimonio no funcionaba, y ella no se daba cuenta de que pretendía cambiarlo con quejas, peleas y discusiones. El desbarajuste más grande se generaba por causa de ella, que quería que su esposo cambiara así porque sí, sólo con hablar y discutir.

Los cambios positivos en una relación se logran a través de terapias de pareja. Otra opción es aceptar a la persona que un día nos enamoró tal y como es. El camino es reflexionar con honestidad y preguntarnos qué tan dispuestas estamos de continuar viviendo en una relación donde no podemos modificar las cosas. Vivir de las expectativas es vivir fuera de la realidad, porque es fácil que se transformen en resentimiento. Millones de mujeres no se dan cuenta de que desarrollan la dependencia hacia los hombres como defecto de carácter y ponen sus expectativas en cambiar la manera de ser y de pensar de un hombre, de un novio o de su esposo. Pero son expectativas que casi siempre se convierten en desilusiones. Por eso es muy importante ver de qué manera nuestros instintos naturales de protección se han convertido en defectos de carácter que se terminan proyectando en la relación y para ello hay que saber cuáles son.

Defectos de carácter

Una vez realizado un minucioso examen de conciencia, se descubre la raíz de los verdaderos defectos de carácter que motivan a una persona a crear dependencias afectivas. A continuación una lista de dichos defectos:

Defectos de Carácter:
Miedo - Soledad – Control – Manipulación
Deshonestidad – Mentira
Conmiseración y Victimización
Intolerancia – Ira y Resentimiento

Obsesión – Envidia - culpabilidad
Hipocresía, Falsedad – Imprudencia
Soberbia – Pereza – Agazapamiento
Deslealtad – Justificación y Racionalización
Irresponsabilidad – Chisme – Arrogancia
Lujuria – Gula – Avaricia

(Normalmente estos defectos se inician y se van desarrollando desde la niñez.)

Una vez identificados estos defectos de carácter, se puede analizar con profundidad la definición conceptual de cada uno de ellos. A partir de la conceptualización de cada defecto se explora la raíz, "el evento" que detonó el defecto de carácter.

Al trabajar con estos defectos que distorsionan el carácter en un nivel más profundo, se pueden aplicar diferentes tipos de terapia, ya sea hipnosis clínica, PNL (Programación Neurolingüística) o terapia psicológica especializada en codependencia.

treinta y uno

Mi propuesta al sistema educativo la importancia de estar informados y sus beneficios

En mi experiencia como madre y especialista *Life Coach en dependencias emocionales,* he concluido que tener conocimientos básicos en psicología resulta una excelente herramienta para elevar los niveles de autoconciencia. Sobre todo, para ofrecerles información a los adolescentes acerca de los diferentes tipos de condiciones, trastornos, enfermedades emocionales, psicológicas, psiquiátricas o mentales. Por esta razón es de mi especial interés que las escuelas elaboren programas de educación basados en estos temas tan importantes, con la finalidad de que los mismos adolecentes logren identificar si padecen algún tipo de disfunción, y puedan tomar a tiempo terapias apropiadas para ellos. Esta es una manera de orientarlos, ayudarlos e incentivarlos a buscar soluciones a sus conflictos y motivarlos a realizar cambios positivos en sus vidas. Nuestra sociedad está llena de personas con todo tipo de trastornos emocionales, psicológicos o mentales. Nadie está exento de ello. Todos, en menor o mayor escala, tenemos algo que resolver en nuestro interior.

En mi experiencia, me he detenido a observar el entorno de mi hijo y me he dado cuenta de que, a pesar de que siempre ha estado rodeado de buenos amigos, muchos de ellos vienen del seno de familias disfuncionales que sufren de algún tipo de condición, ya sea adicción, neurosis, depresiones, bipolarismo, desórdenes de personalidad, etc. Ahora que mi hijo y sus amigos son adolescentes, me encuentro con la dolorosa realidad de que muchos de ellos también han experimentado con drogas y alcohol. Con mucha tristeza, y sin ánimos de juzgar, interpreto la ignorancia o la falta de información de sus padres, que los afecta tanto a ellos como a sus hijos.

A mí me ha tocado investigar los conceptos y las características de los diferentes tipos de condiciones, trastornos o desórdenes psicológicos que existen, para brindarle a mi hijo esta información, con la finalidad de que sea capaz de identificar y entender el por qué del comportamiento de muchos de sus amigos que vienen de familias tan disfuncionales; pero sobre todo, para que también aprenda a tratar a cada uno de ellos de una manera más asertiva, consciente y responsable.

De niños nos enseñan en nuestros hogares las normas y hábitos básicos de cuidado personal, como cepillarnos los dientes, bañarnos diariamente, sentarnos bien, etc. Si venimos de familias estructuradas, es posible que nos inculquen valores como el amor, la consideración y el respeto. Pero no todos corremos con la misma suerte. A muchos de nosotros no nos dieron información suficiente o siquiera bases sólidas para enfrentar situaciones adversas que se nos puedan presentar en nuestras vidas; es decir, no nos prepararon lo suficiente. Salimos al mundo a vivir la vida ignorando información importantísima que nos ayude a ser personas bien estructuradas emocionalmente, y por consiguiente, buenos padres, hermanos, amigos o hijos.

Mi propuesta al sistema educativo es crear un pénsum escolar que se especialice en ofrecer información a los jóvenes estudiantes sobre temas tan elementales como lo son estas condiciones y trastornos psicológicos; también herramientas que les ayuden a desarrollar la "inteligencia emocional": su definición y características. Si se ofrecieran cursos o materias específicas con este tipo de información tan elemental y necesaria, le estaríamos dando a nuestra sociedad algo sin precedentes; formaríamos a niños y jóvenes más competentes y aportaríamos beneficios para estimular su salud emocional.

Para lograr este objetivo se necesita tener profesores preparados y capacitados profesionalmente en estos temas para enseñar a los alumnos. Poniéndolo de una manera más simple: existen también muchos profesionales en psicología que podrían preparar al profesorado de las escuelas y ofrecer sus conocimientos a los alumnos, especialmente en estos temas relacionados con la inteligencia emocional.

Como madre responsable he logrado un resultado muy positivo. Primero he comenzado trabajando conmigo misma para ser congruente. Luego le brindé información a mi hijo y apliqué en él todas las herramientas necesarias para el desarrollo de la inteligencia emocional. Con el tiempo he descubierto que mi hijo, al estar tan bien informado, ha desarrollado un excelente criterio para todo: reconocer sus talentos y preferencias vocacionales, saber lo que quiere profesionalmente, ser selectivo con sus amistades y con las personas, y ser capaz de mantener conversaciones con gente adulta sin sentirse intimidado ni inseguro.

La ventaja de estar informados desde una edad temprana es que nuestros hijos desarrollan la capacidad de concientizar la realidad para hacerse más responsables de sí mismos, desarrollar su autoestima, entender a sus amigos, y no tomar a título personal cualquier actitud negativa que venga por parte de alguno de ellos. También es muy importante darles herramientas para que aprendan a poner límites una vez se encuentren en alguna situación incómoda.

Que nuestros hijos aprendan a defenderse en ambientes disfuncionales fuera de sus hogares es prepararlos a enfrentar un mundo "real", el cual necesitan saber que existe para que tengan la madurez de llevarse bien con las personas, pese a las limitaciones que puedan tener cada una de ellas.

Otro factor importante que justifica la relevancia de tener este tipo de información, es que nuestros hijos aprenden a ser más selectivos al escoger a sus amistades y esto los ayuda a crearse un ambiente más saludable.

Mi hijo, a pesar de su corta edad, tiene una madurez que quisieran tener muchos hombres adultos. Aunque ha tenido pocas experiencias de noviazgo, ha aprendido muchísimo de cada una de ellas. Me impresiona la capacidad que tiene para cortar a tiempo una relación, cuando ésta se convierte en conflictiva. Lo que yo siempre le enseñé es que las relaciones amorosas son para sentirse bien el uno con el otro, que a pesar de tener sus diferencias, es importante que ambos sientan la motivación de solucionar las diferencias y no quedarse en el conflicto, enfocándose en el propósito de unión que comparten. El respeto a la mujer ante todo es mi "lema", independientemente de que ellas mismas no se sepan respetar.

Lo más importante de toda ésta información que le suministré a mi hijo, es que le permitió "desarrollar la habilidad" de reconocer a tiempo cuándo existe un problema significativo como lo puede ser un desorden emocional o una condición psicológica o mental. En una de sus experiencias logró descubrir que su novia padecía de bipolaridad; en otro noviazgo descubrió que su chica sufría de depresiones y tomaba pastillas para estabilizarse. Mientras tanto yo me preguntaba cómo era posible que estas chicas tan lindas, inteligentes y tan jóvenes, podían sufrir de este tipo de problemas. Mi hijo dentro de las emociones de un adolescente, intentaba permanecer y luchar por su relación, pero al final terminaba dándose cuenta de que él no las podía ayudar si ellas no deseaban hacerlo por sí mismas.

A pesar de sentirse muy ilusionado estando en la relación, se armaba de valor y tomaba la decisión de finalizarla motivado a resguardar su bienestar emocional. Es triste, pero resulta una gran verdad que involucrarse con personas que padecen de ciertos problemas psiquiátricos, psicológicos o emocionales, es sumar a nuestra vida situaciones negativas y desgastantes. Esto tarde o temprano impacta de manera negativa en nuestra salud mental y emocional.

En nuestra tarea como madres de educar a nuestros hijos, debemos pensar en todos estos tópicos y considerar que, enseñarles a ellos a manejarlos, les resultará siempre de gran utilidad para sus vidas y para sus relaciones tanto sentimentales, sociales como profesionales.

Hay mucha información útil para poder formar integralmente a nuestros jóvenes, y si las escuelas crearan programas especiales para ofrecer este tipo de información, se les hará un trascendente favor tanto a ellos como a nuestra sociedad. Como es de entender, la mayoría de los padres no tienen acceso a toda esta información y muchos provienen de familias disfuncionales que padecen de diferentes condiciones, enfermedades mentales, psicológicas y emocionales. Estos padres, por su condición, también requieren ayuda, y por ende no se encuentran en la situación de proveerles y transmitirles esta clase de herramientas a sus hijos.

Por esta razón, en mi testimonio con este libro expreso mi propuesta a todos los ministerios de educación, a las escuelas públicas y privadas, para que tomen conciencia y que como método de prevención incorporen planes de formación y educación sobre el desarrollo de la inteligencia emocional y temas de psicología para la vida, con el objetivo de orientar, concientizar a los adolescentes y ayudarlos a fortalecer su vida emocional.

La raíz de muchos de los problemas en la sociedad respecto a los adolescentes, es que ellos están pidiendo a gritos "atención" y que todos los actores responsables de su formación, desde sus padres, maestros e instituciones, les expliquen cómo aprender a *vivir* en una sociedad donde cada día se pierden más lo valores y los principios.

La realidad es que todos somos responsables de nuestros niños y jóvenes, sea cual sea la posición que tengamos en la sociedad. Por eso yo, como madre y profesional especializada en dependencias emocionales, me siento en la obligación de ofrecer mi aporte a través del mensaje de conciencia que quiero dejar con este libro, con el propósito de que este sirva como una guía a las madres y padres. Es por esta razón que me he detenido a exponer de manera sencilla esos conceptos en psicología que me han sido de incalculable utilidad tanto para mí misma, como para formar a mi hijo en el desarrollo de su inteligencia emocional.

Conocer la información básica de las diferentes condiciones y disfunciones que existen sirve como herramienta de orientación para detectarlas a tiempo, tanto en el núcleo familiar como en las personas que nos rodean; y en caso de sospechar que las padecemos, ya se cuenta con un punto de referencia que indique que es tiempo de buscar ayuda profesional para resolverlas.

Epílogo

treinta y dos

Los beneficios de todos mis esfuerzos: una vida con propósito

Al reflexionar sobre el recorrido de mi vida, veo con gran orgullo los resultados de todos mis esfuerzos. El hecho de haber tomado la decisión en su momento de buscar ayuda profesional y haber tratado de solventar las diferencias con mi exesposo, me ha hecho sentir en paz conmigo misma. A pesar de que los resultados no se dieron como yo esperaba, logré sobrepasar mis miedos e inseguridades y tomar una de las decisiones más importantes de mi vida, que fue la de separarme. Con el tiempo, he logrado superar las tristezas, las frustraciones y la pérdida de mi matrimonio, enfocándome en mi desarrollo espiritual y emocional, y de esta manera poder darle a mi hijo lo mejor de mí. Este es un capítulo que, mientras lo escribo, aflora en mí una emoción indescriptible. Las palabras nacen de mi espíritu con un agradecimiento profundo a mi Dios por haber puesto en mi camino a una gran persona, como un ángel que vino a mi vida sin yo haberlo pedido: mi madrina.

Lo más hermoso que la vida me ha regalado es ver a mi hijo seguro de sí mismo, muy claro en la vida, con sus valores y principios muy reafirmados y emocionalmente inteligente. Inteligencia que me dediqué a desarrollar con todo mi corazón. Esto para mí no tiene precio, pues yo he crecido como persona gracias a mi hijo. Él ha sido la motivación más grande que la vida me ha obsequiado; ha sido mi motor, mi fuerza, la fortaleza que viene de mi corazón y de mi espíritu.

No sé si es correcto usar la palabra "sacrificio", por haber tenido que renunciar en su momento a la mujer profesional con sueños y propósitos, y a la mujer que, como persona, siempre soñó con conseguir un hombre con quien compartir su vida. Renuncié "temporalmente" a todas estas cosas. Mis prioridades cambiaron con el tiempo, al concientizar que era muy importante dedicarme de lleno a mi hijo en el proceso de separación, con el único propósito de evitarle traumas y lograr desarrollar su inteligencia emocional. Siempre lo hice con la certeza de que el tiempo me recompensaría al ver crecer a mi hijo saludablemente para convertirse en "un joven excepcional". El amor y admiración que él me profesa es indescriptible, es el "verdadero amor" de respeto y consideración que le tiene un hijo a una madre.

Puedo decir que uno de los mejores legados que le he dejado con mis enseñanzas, es que puede disfrutar de una buena relación con las mujeres; de respeto, de consideración y admiración, siendo asertivo a la hora de elegir la compañera adecuada para él. Esto gracias a la excelente imagen que tiene de la mujer como resultado de la relación tan bonita que él y yo hemos desarrollado gracias a mi dedicación y perseverancia.

No es mi intención generalizar ni decir que en todos los casos deban suceder las cosas de esta manera. Hay mujeres que han tenido la oportunidad de conocer hombres maravillosos que las han apoyado siendo divorciadas, habiendo muchas que se han vuelto a casar, pero esto no es lo más común. También hay millones de madres profesionales, divorciadas, que gracias a su trabajo han podido sacar adelante a sus hijos; ante ellas todo mi respeto y admiración por su tenacidad, valor y fortaleza. Cada caso es individual.

Lo que realmente deseo es dejar un mensaje claro: ser madre divorciada requiere de doble esfuerzo en la educación emocional y espiritual de nuestros hijos, y que al final hacer todo por ellos, "todo, absolutamente todo", vale definitivamente la pena.

Mi hijo se irá pronto de casa; estudiará fuera de la ciudad en la que nació y que lo vio crecer. Es su momento de despegar, está listo y bien preparado para iniciar una vida con un futuro brillante, que seguro será bendecido y pleno para él, gracias a saber lo que quiere y al amor y a la pasión que siente por la carrera que ha decidido estudiar.

A pesar de que es mi único hijo, he aprendido con el tiempo a no crear una fuerte dependencia emocional hacia él. Esto es una habilidad que se va adquiriendo con los años, ya que generalmente nosotras las madres, y en especial las madres latinas, estamos culturalmente programadas para desarrollar fuertes apegos a los hijos y a sobreprotegerlos, coartándoles inconscientemente su crecimiento emocional. Muchas madres confunden el "amor" con el "apego."

En muchas ocasiones he escuchado a madres expresar con temor la independencia de sus hijos; por eso es tan importante trabajar en nuestros miedos y apegos para permitirles ser independientes y que logren madurar y desarrollarse por sí mismos. Nosotros como padres tenemos la responsabilidad de orientarlos, educarlos y fortalecerlos para que un día logren volar con sus propias alas.

El amor que siento por mi hijo es el verdadero, el *incondicional*, sin egoísmos, sin querer tener el control de su vida y sus acciones. Todo lo contrario, deseo con todo mi corazón que ahora que está preparado para enfrentar la vida, la viva con intensidad, que la disfrute al máximo, que logre todos sus sueños, aunque no sea viviendo a mi lado. Lo amo tan profundamente que quiero verlo feliz, y por eso siempre lo apoyaré en cualquier decisión positiva y productiva que él tome para su vida. *Siempre* estaré presente en todo momento que me necesite.

Es importante *valorar* esta gran misión, concientizando que ser madre es uno de los propósitos de vida más importantes que Dios nos ha obsequiado y encargado. Por eso, antes de pensar en traer seres humanos al mundo, debemos ser maduras y estar preparadas emocionalmente para recibirlos. Tenemos que enfocarnos en nuestro desarrollo emocional y espiritual para ser responsables y ofrecer lo mejor que tenemos a nuestros hijos en su formación y educación. Nuestro aporte al mundo debe de estar dirigido a formar seres humanos de luz, de bien, para que el día de mañana puedan alcanzar una vida emocional saludable y así *crear un mundo mejor.*

Temporalmente puse un *stop* a mi vida personal y profesional para dedicarle tiempo a mi hijo, pero doy fe de que ha valido la pena a pesar de haber pasado por muchas etapas de tristeza y confusión. Mi propósito de vida a nivel profesional se ha ido develando poco a poco, y con el pasar de los años se ha concretado de una manera fluida y natural. Gracias a mi experiencia personal y a los estudios profesionales que emprendí luego de mi divorcio, actualmente tengo la oportunidad de trabajar como *coach* en dependencias emocionales, lo cual es mi pasión. Ahora tengo la oportunidad de brindar excelente información al respecto y, de esta manera, trabajar ayudando a mujeres, madres y padres en proceso de separación. En estos momentos me estoy enfocando en continuar mis estudios y seguir preparándome para lograr *la excelencia,* seguir auto realizándome dedicada a lo que más me apasiona: ayudar a desarrollar la inteligencia emocional en todas las áreas a través de conferencias y libros que, si Dios me lo permite, publicaré a futuro.

Gracias a esta experiencia he aprendido que, luego de una separación, una mujer – madre sola, sí puede reinventarse a sí misma y nacer de nuevo, impulsando a sus hijos hacia lo mejor. Este es mi mensaje de amor, esperanza y motivación. Simplemente se trata de tener la decisión, la buena voluntad y una mente abierta a recibir los mensajes y la fortaleza que provienen de allá arriba a través de nuestro espíritu, y que gracias a ellas, somos capaces de convertir cada dificultad en una gran oportunidad de crecimiento interior para renacer.

Siempre *"con la mente en el cielo y los pies en la tierra"*.

Una vez más: gracias a mi madrina y por sobre todas las cosas gracias a mi Dios."

Yo soy Adrian
Dedico este testimonio con todo mi cariño, admiración y respeto a mi madre

Estas palabras están dedicadas a mi madre en agradecimiento por su perseverancia, esfuerzo y dedicación en brindarme orientación, formación y educación tanto en el área intelectual como en el área emocional y espiritual. Gracias a su entrega, hoy día puedo ofrecer como testimonio lo que su amor incondicional ha logrado en mí.

Mi madre ha sido una influencia muy positiva e increíble en mi educación, en mi estima y en el desarrollo de mi inteligencia emocional, gracias a todo lo que ella aprendió a través de la Sra. Mayra López, excelente terapeuta profesional a quien le tengo especial admiración y agradecimiento por su profunda sabiduría y por dedicarme su valioso tiempo cuando yo más lo necesité.

Mi madre, a través de lo que aprendió de la Sra. Mayra, me enseñó a identificar mis sentimientos, a aceptarlos y a procesar de manera saludable las emociones negativas como la rabia, la frustración, la impotencia y la tristeza. Hoy en día, gracias a estas enseñanzas, no reprimo mis sentimientos y puedo expresarlos de una manera más clara y asertiva, puedo utilizar la razón para manejar la emoción irracional.

Aprendí sobre las diferentes disfunciones familiares y condiciones que padecen muchas personas; también he aprendido sobre temas tan importantes como la codependencia, la bipolaridad, la neurosis, las adicciones como el alcoholismo y la drogadicción, etc. Gracias a la base de tan valiosa información, puedo identificar y manejar mi relación con las personas que puedan padecer de alguna de estas condiciones, así como puedo entender mejor y de una manera más humana a las personas con quienes me relaciono y a los seres que me rodean en general.

A pesar que soy muy joven, tengo una clara conciencia, sé cómo manejar mis límites, cuándo acercarme a esas personas y cuándo alejarme de ellas; esto es lo más grande e importante que uno debe aprender en la vida: "saber relacionarse con el mundo exterior".

Mi mamá siempre me ha escuchado, me ha apoyado y motivado en todo lo que yo he querido hacer: me ayudó a descubrir lo que me interesa profesionalmente y a desarrollarme en uno de mis hobbies favoritos: la música.

Gracias a su constancia y disciplina logró desarrollar en mí una estructura sólida, ya que es la base de la formación del carácter que me permite ser más organizado, más responsable y constante con las cosas que hago. Esta formación no solo me ha ayudado con la disciplina, sino también con otras cosas, como tener un sentido de organización y de responsabilidad tanto con los demás como conmigo mismo. Esto me ayudó a entender lo importante que es darle valor al tiempo de las demás personas, ya que esta es la base de la relación que tenemos con nuestras amistades y nuestra familia. A veces, por exceso de confianza se pierde el respeto por el tiempo de quienes están junto a uno. Muchas veces no les damos el valor a los demás como debiera ser.

La constancia y la persistencia son muy importantes para hacer cambios, para lograr verdaderos cambios. Eso es lo que mi madre siempre se enfocó en enseñarme.

Debo resaltar que, a pesar de la separación de mis padres, mi madre se cuidó mucho de no hablar de una manera destructiva de mi papá. Todo lo contrario, siempre me dijo que era importante apreciar, valorar y agradecer todo el esfuerzo que mi papá siempre hizo por mí y por mis estudios. Agradecer que él nunca me haya fallado, pues siempre me ofreció estabilidad económica para que yo pudiera tener la oportunidad de ingresar a buenos colegios. Agradecer que me enseñara a darme cuenta de que hoy en día existen muchos padres que no se ocupan responsablemente de sus hijos como debiera ser; por esta razón considero que fui bendecido por tener un padre que siempre se responsabilizó de mí.

Hoy en día estoy claro de lo que quiero como profesión y es estudiar economía y lograr entrar en la política. Gracias a que mi mamá siempre me ha apoyado en todo lo que me ha gustado como la historia, la geografía etc. Siempre impulsó mis gustos. Si yo pedía una revista como de "The Economist" me hacía miembro, siempre motivada a desarrollar y ampliar más mis conocimientos e intelecto, y también gracias a que mi papá que siempre me regalaba videos juegos con contenido cultural donde tuve la oportunidad de aprender historias medievales, antiguas, etc.

Mi personalidad está definida: yo sé quién es Adrián y sé qué es lo que quiere Adrián. Yo sé cuáles son mis defectos y cuáles son mis fortalezas y por qué deseo estudiar Economía y Ciencias Políticas.

También conozco los defectos de los demás, y como realmente me siento muy claro en la vida, se me ha hecho más fácil entender con mucho más empatía todas las cosas. La mayoría de las personas con quien me encuentro no están claras. No saben qué propósito tienen y eso es lo más fuerte que yo observo: frustrante lo que ellos padecen. Esto no quiere decir que es imposible que uno llegue al autoconocimiento sin guía tal cual como la mía, pero el camino para lograr estos conocimientos se torna mucho más fácil cuando existe una verdadera guía desde que somos niños, ayudan y amplían la mente para tomar las experiencias como aprendizaje en la manera que me ha ocurrido.

No se puede decir que sólo la naturaleza dicta la parte ética de una persona; yo honestamente pienso que si todos tuvieran la educación e información que yo tuve, definitivamente el mundo sería más eficiente y más conciente, más feliz. La tranquilidad y claridad es lo que lleva a uno a la paz interior y entonces al razonamiento.

En la educación hay mucho potencial para crear programas de estudios que se propongan lograr que nuestra sociedad y nuestra cultura cambien, que sea más definida, más clara, más informada; no solo con información enfocada al área intelectual, sino también a la educación y formación emocional. Se habla de literatura, gramática, historia o geografía, pero no se informa sobre temas tan importantes como el desarrollo de la inteligencia emocional, de temas como los diferentes tipos de trastornos psicológicos o condiciones mentales, o las causas de las adicciones.

Las clases de psicología están enfocadas a nivel intelectual, en conceptos o definiciones que aunque estos conocimientos son útiles y necesarios, considero que es más importante entender más profundamente las causas de las depresiones, adicciones u otras condiciones emocionales porque la economía de un país no puede funcionar si el pueblo está desgastado.

La verdad es que actualmente la educación está mal dirigida, desorganizada, y con demasiado desigualdades. Nuestras escuelas públicas están en crisis y es totalmente inaceptable que un país como los EEUU, con tanto apoyo, capital político y recursos, no destine lo suficiente para reformar o para crear un buen sistema educativo que les dé acceso a los niños a una formación de calidad. Por eso mi interés en participar en un movimiento para ayudar a reformar el sistema educativo de los Estados Unidos por completo, o por lo menos mejorarla. Obviamente no soy el primero ni el último que gritará "reforma!" "Cambio!" Pero es esta una de las razones por lo cual las voces deberían unirse y hacer un cambio real como se ha hecho anteriormente tantas veces. La política en si es un mundo difícil donde hay muchas personas que solo están presentes por sus propios intereses egoístas, pero también los hay políticos con vocación que verdaderamente quieren a su país y ofrecen lo mejor de sí, no es imposible lograr los cambios tal cual como comprueba la historia.

Observando a la gente joven que me rodea, a mis amistades y sus necesidades elementales, como la información no satisfecha, me siento motivado a participar activamente en un futuro cercano.

Hoy en día me siento agradecido con la vida por haberme dado la oportunidad de tener unos padres como los míos, que me brindaron la posibilidad de aprender tantas cosas que hoy en día son muy útiles para mí.

Gracias, papá, por tu apoyo, sin ti no hubiera podido estudiar en los mejores colegios de mi ciudad. Gracias por tu apoyo grande a mis ideas, por todas las conversaciones que hemos tenido sobre la política, conversaciones que me ayudaron a sembrar una semilla de pasión muy grande a mi vocación.

Gracias a ti mamá, por ayudarme a lograr conseguir organización y estructura, por lograr hacer de mí una persona con mucha fortaleza, de valores, consciente y maduro, a pesar de mi corta edad. Agradecido eternamente; por todo tu amor y dedicación soy una persona que he aprendido la importancia de activar la humildad diariamente, soy una persona de paz.

Te amo
Tu hijo, *Adrian.*
Miami, junio 2014

Bibliografía

Beattie, M. (1992). *Más allá de la co-dependencia.* Caracas: Editorial Patria S.A.

Goleman, D. (2000). *La inteligencia emocional.* México: Ediciones B.

Long J., Longe N. y Whitson S. *La sonrisa molesta: la psicología del comportamiento pasivo-agresivo.*

Valera, R. (1994). *La Biblia. Nashville*: Holman Bible Publishers.

Wilson, B. (1994) Cómo lo ve Bill. New York: Alcoholics Anonymous ® World Services Inc.

De los AA para los Grupos AA. (1991). *Reflexiones Diarias.* New York: Alcoholics Anonymous ® World Services Inc.

Grupos de Familia Al-Anon. (1994). *De la supervivencia a la recuperación.* Virginia Beach: Al-Anon Family Group Headquarters

Escuela de Educación Continua. *Guía para padres: Niños de padres divorciados.* Miami Dade College.

Bibliografía sugerida

Al-Anon. (1994). *Como Ayuda Al-Anon a familiares y amigos de alcohólicos.* Virginia: Al-Anon Family Group Headquarters, Inc.

Beattie, M. (2009). *Ya no seas co-dependiente.* Málaga: Editorial Sirio.

--- (1996). *El lenguaje del adiós: meditaciones para la recuperación diaria.* Minnesota: Hazelden.

--- (2001). *Libérate de la co-dependencia.* Málaga: Editorial Sirio.

--- (2010). *Guía de los 12 pasos para los co-dependientes.* México DF: Nueva Imagen.

Briggs, D. C. (1970). *El niño feliz.* New York: Doubleday.

Goleman, D. (2007). *La inteligencia emocional en la empresa.* Buenos Aires: Ediciones Argentina.

--- (2012). *El Cerebro y la Inteligencia Emocional: "Nuevos descubrimientos".* Buenos Aires: Ediciones B,SA

--- (2013). *Liderazgo: El poder de la inteligencia emocional.* Buenos Aires: Ediciones B.

--- (2006). *Inteligencia social.* Barcelona: Kairós.

--- (2003). *Emociones destructivas.* Barcelona: Ediciones B; Tra edition.

--- (2003). **La práctica de la inteligencia emocional.** Barcelona: Kairós.

--- (2003). *El espíritu creativo.* Barcelona: Ediciones B.

--- (2014). *El punto ciego. La psicología del autoengaño.* Barcelona: Debolsillo.

--- (2011). *La nueva ciencia de las relaciones humanas.* Barcelona: Kairós.

--- (2014). *Focus.* Barcelona: Kairós.

--- (2012). *Los caminos de la meditación.* Barcelona: Kairós.

Grupos de Familia Al-Anon. (1976) *Plan detallado para progresar.* Virginia Beach: Al-Anon Family Group Headquarters, Inc.

Hay, L. L. (1998). *Gratitud. Carlsbad: Hay House.*

--- (1992). *Usted puede sanar su vida.* Carlsbad: Hay House.

Norwood, R. (1985). *Las mujeres que aman demasiado.* Buenos Aires: Ediciones B.

Osteen, J. (2011). *Cada día es viernes.* Nashville: Faithwords.

--- (2007). *Lo mejor de ti.* Louisiana: Howard Books.

Riso, W. (2005). *Cuestión de dignidad.* Buenos Aires: Grupo Editorial Norma.

--- (2006). *Los límites del amor.* Buenos Aires: Grupo Editorial Norma.

--- (2012). *Desapegarse sin anestesia.* Bogotá: Editorial Planeta.

Sharma, R. B. (2007). **Guía de la grandeza.** Barcelona: Random House Mondadori.

48478444R00128

Made in the USA
Charleston, SC
05 November 2015